गिटर

A Guitar Guide for Beginners

ॐ Parkash Kanojia

प्रकाशक
यूनीकॉर्न बुक्स

F-2/16, अंसारी रोड, दरियागंज, नई दिल्ली-110002

☎ 011-23275434, 23262683

E-mail: info@unicornbooks.in • *Website:* www.unicornbooks.in

शाखा : मुम्बई

23-25, जाओबा वाड़ी, ठाकुरद्वार, मुम्बई-400002
☎ 022-22010941, 022-22053387
E-mail: unicornbooksmumbai@gmail.com

ISBN: 978-81-7806-406-2

संस्करण 2026

प्रस्तावना

अपने गिटार बजाने के अनुभव को लेकर पुस्तक के लिखने में मुझे बहुत कठिनाई आई। किसी बात को सामने बैठाकर, बोल कर समझाना जितना सरल है, उसी बात को लिखकर समझाना मेरे लिये उतना ही कठिन था। वाक्यों को इतनी साधारण भाषा में लिखना की एक जन साधारण को भी आसानी से समझ आ जाये, इसके लिये मैंनें पूरा प्रयास किया है। पश्चिमी संगीत में स्केल (Scale) अर्थात संगीत स्वरों का पैमाना, ये बात समझ आते ही, कि गिटार का फ्रैटबोर्ड (Fret Board) तो अपने आप में एक पैमाने की तरह होता है, मैंने मैकेनिकल ढंग से सोचना शुरू किया और मुझे रास्ता नज़र आने लगा। कोर्डस और सरगम को जियोमैट्रिकल (Geometrical) ड्राईंग से बनाने और लिखने में बड़ी सहायता मिली, जो पढ़ने में आसानी से समझा जा सकता है। यह पुस्तक भारतीय सुगम संगीत के सिद्धांत पर आधारित है। गिटार के संदर्भ में जैसे गिटार की पहचान, सरगम, कोर्डस, कोर्ड के सम्बन्धी कोर्डस, पत्ता चलाना इत्यादि सारी जानकारी इस पुस्तक में उपलब्ध हैं।

Western Staff Notation की सबसे बड़ी विशेषतायें हैं कि स्वरलिपि (Notation) को पढ़कर धुन को तुरन्त बजाया जा सकता है। क्योंकि इसमें स्वर के गूंजने की मात्रा होती है। इस लिपि में ताल (Rhythm) का आभास भी होता है। Staff Notation में संगीत जिस स्वर से लिखा है, वह सिर्फ उसी स्वर से ही बजेगा और किसी अन्य स्वर से नहीं बजाया जा सकता। भारतीय स्वर लिपि में केवल सरगम होती है और किसी भी विशेष स्केल (pitch) का उल्लेख नहीं होता है। इसको लिखकर समझाने के विकल्प के बारे में सोचना प्रारम्भ किया और staff notation के बारे में कुछ internet पर surfing के आधार पर, और प्रयोग के तौर पर, इस पुस्तक में एक नए अध्याय के रूप में सरल स्वरलिपि को जोड़ने का सफल प्रयास किया है। इस सरल स्वरलिपि में धुन केवल सरगम में लिखी जायेगी और इसे स्पतक के 12 स्वरों में किसी भी स्वर से अर्थात इसे किसी भी Scale में बजाया जा सकता है।

इस पुस्तक के माध्यम से मैं अपने गुरू Shri Anthony Dass का आभार प्रकट करता हूँ।

विषय-सूची

गिटार के अंगों के नाम और विवरण

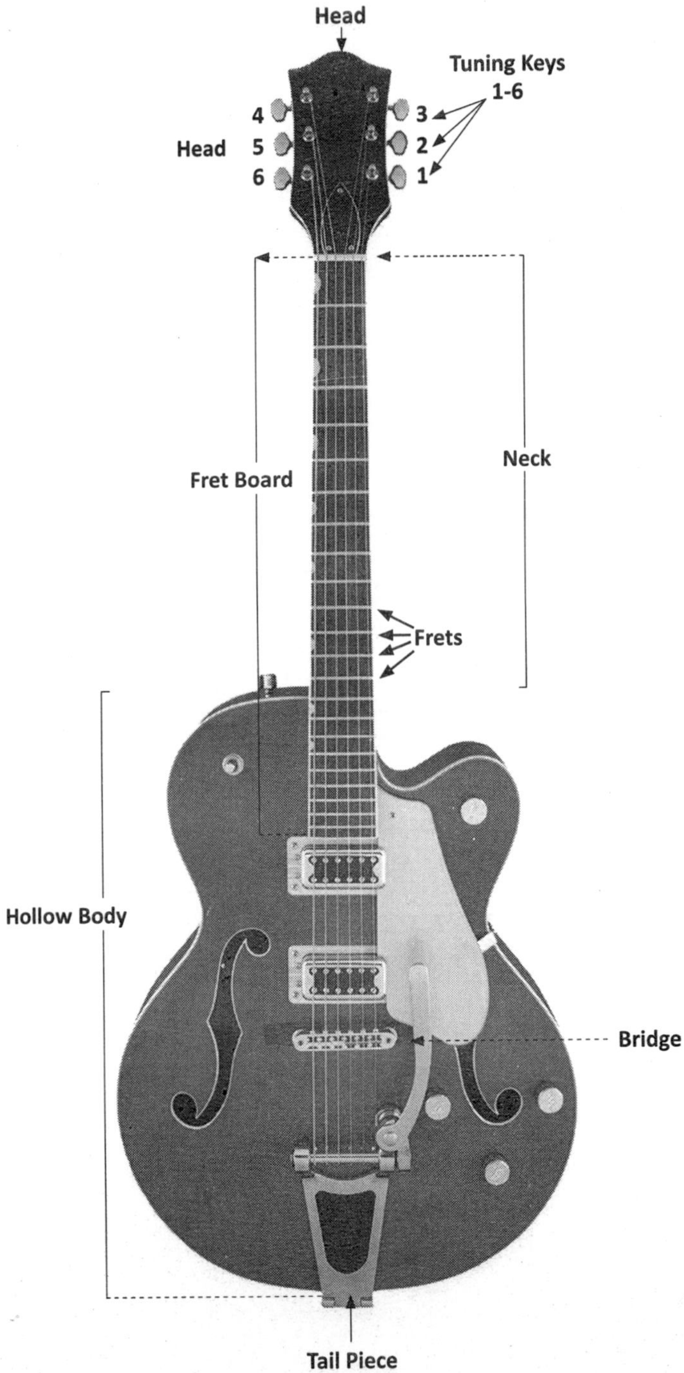

Head (हैड) हैड में 6 चाबियाँ इसके पिछले हिस्से से कसी होती है, हर एक चाबी की पुल्ली सामने की तरफ निकली होती है, जिनमें तार पिरोने (hole to insert strings) के लिए एक छेद होता है।

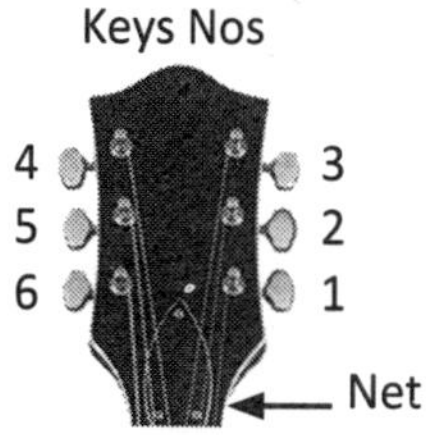

Keys Keys (tunning) करते समय तारों के सुरों को आपस में एक निशचित फ्रैटस पर मिलाने के लिये, ढीला या कसने के काम आती है। एक महत्वपूर्ण बात, नई तार पुल्ली में लिपटते समय, दोनों तरफ की तार का घुमाव अन्दर की तरफ आना चाहिए।

Nut हैड और फिंगरबोर्ड के बीच में 'नट' एक सांचा है, जिसमें छः नालियों में प्रत्येक तार गुजरती है ताकि तार अपने स्थान पर स्थिर रहे।

Neck (गर्दन) नट से गिटार की बॉडी तक के भाग को गर्दन Neck कहते हैं।

Frets board नट से लेकर गिटार के बड़े छेद तक एक सीढ़ीनुमा scale जुड़ा होता है। जिसे फिंगर बोर्ड या फ्रैट बोर्ड कहते हैं। फ्रैट बोर्ड पर धातु की 20 से 21 धंसी लाईनों को फ्रैटस कहते हैं।

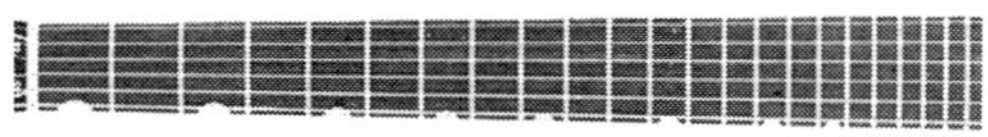

Fret mark संकेत चिन्ह फ्रैट बोर्ड पर क्रमशः 3, 5, 7, 9, 15, 17, 19 फ्रैट के मध्य में एक बिन्दी लगी होती है। परन्तु बारहवें फ्रैट पर 2 बिन्दियां होती हैं। जिसका अर्थ है कि जो स्वर खुली तार पर बजते हैं, वही स्वर यहाँ से तार सप्तक (higher octave) में दोहराये जाते हैं।

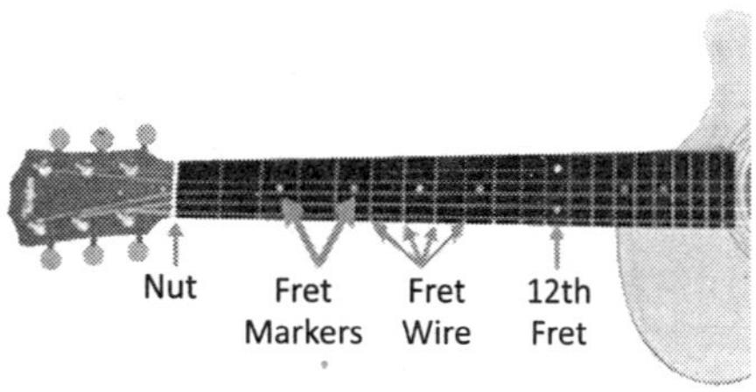

Bridge — इसकी भी विशेषता नट (Nut) की तरह होती है। अस्थाई ब्रिज, गिटार बॉडी पर आगे पीछे किया जा सकता है, जिसमें तारों को अटकाने का भी प्रावधान होता है।

Body — गिटार बॉडी को hollow body या sound chamber (खोल) कहते है, जो आवाज़ा के गूंजने में सहायक होता है। इसके न होने पर गिटार की आवाज़ा, बजाने वाले को भी नहीं सुनाई पड़ेगी।

Tail — एक धातु का खांचा होता है जो गिटार के आखिरी छोर पर कसा जाता है इसी में तार अटकाने का प्रावधान होता है और इसमे बेल्ट लगाने के लिये, एक बटन और दूसरा बटन neck के पीछे लगा होता है, ताकि खड़ा हो कर बजाने के लिये बैल्ट लगाई जा सके।

Strings — साधारण गिटार में छः तार होती हैं, पतली तार नम्बर 1 से मोटी तार की तरफ नम्बर 2, 3, 4, 5 और 6 कहते हैं, और इनके Natural Diatonic नाम क्रमश E, B, G, D, A और E होता है।

Pick — पत्ता जिससे तारों को दोनों तरफ से छेड़ा या लहराया (strum) जाता है।

उंगलियों की पहचान

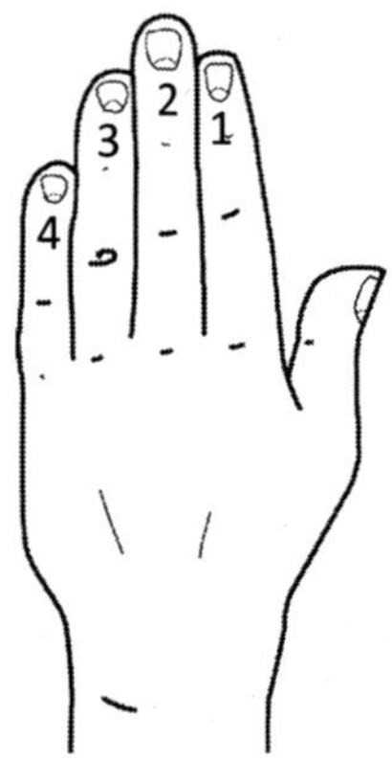

बाएं हाथ की उंगलियों को नम्बरों से पहचाना जाता है। पहली उंगली (index finger) को नम्बर 1, बीच की उंगली (middle finger) को नम्बर 2, अंगूठी वाली उंगली (ring finger) को नम्बर 3, और छोटी उंगली (little finger) को नम्बर 4 के नाम से जाना जाता है।

Guitar Tuning with Keyboard

गिटार की स्टेंर्डड टयूनिंग Natural Diatonic Scale के अनुसार की जाती है। पियानो की मन्द्र सप्तक (Lower octave) की तीसरी सफेद Key अर्थात (E note) से तार न॰ 6 को मिलाया जाता है। पियानो की मन्द्र सप्तक की छठी सफेद Key अर्थात (A note) से तार न॰ 5 को मिलाया जाता है। पियानो की मध्य सप्तक (middle octave) की दूसरी सफेद key अर्थात (D note) से तार न॰ 4 को मिलाया जाता है। पियानो की मध्य सप्तक के पाँचवीं सफेद Key अर्थात (G note) से तार न॰ 3 को मिलाया जाता है। पियानो के मध्य सप्तक की सातवीं सफेद key अर्थात (B note) से तार न॰ 2 को मिलाया जाता है और पियानो के तार सप्तक की तीसरी सफेद Key अर्थात (E note) से तार न॰ 1 को मिलाया जाता है।

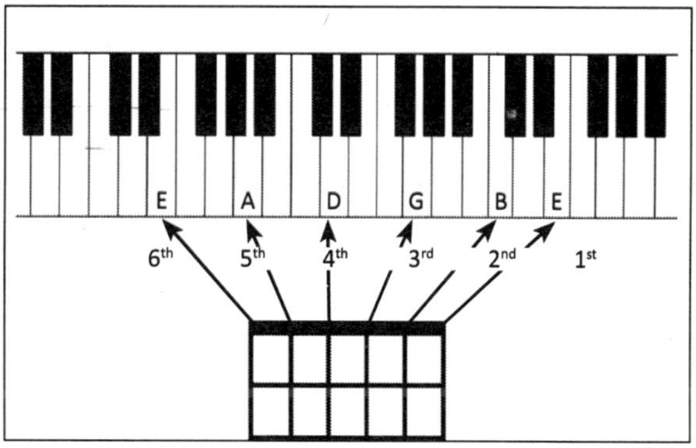

नोटः– जब हम standard tunning करते हैं तो तार अपने पूरे तनाव पर होते हैं। जिससे उंगलियों में चुभन होती है, तार के टूटने का और गिटार के neck का टेडे (bend) होने का अंदेशा बना रहता है।

इसलिए ये अच्छा रहेगा कि सीखने के शुरू के दिनों में गिटार की tuning को 2 सुर नीचें यानी पहली तार D Key से मिलाएं। ये क्रमशः E, A, D, G, B और E की जगह D, G, C, F, A और D हो जायेंगी। ये सीखने वाले और गिटार दोनों के लिए अरामदेह होगा। गिटार की body लकड़ी भी इस दौरान seasoned हो जायेगी।

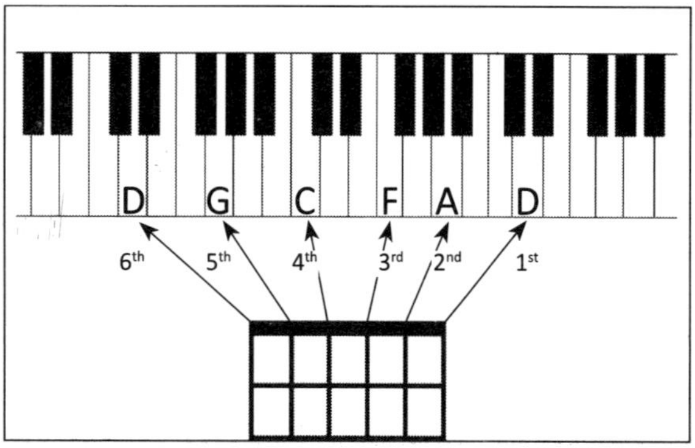

तारों का आपसी मिलान

Guitar Tuning Among Strings

ज्यादा जरूरी है, कि गिटार की सारी तारें आपस में एक दूसरी तार के निर्धारित फ्रैट से मिली होनी चाहिये। पहली खुली तार की आवाज़, दूसरी तार के फ्रैट न॰ 5 की आवाज़ से मिलनी चाहिए। दूसरी खुली तार की आवाज़, तीसरी तार के फ्रैट न॰ 4 की आवाज़ से मिलनी चाहिये। तीसरी खुली तार की आवाज़, चौथी तार के फ्रैट न॰ 5 की आवाज़ से मिलनी चाहिये। चौथी खुली तार की आवाज़, पाँचवें तार के फ्रैट न॰ 5 की आवाज़ से मिलनी चाहिए। पाँचवीं खुली तार की आवाज़, छठी तार के फ्रैट न॰ 5 से मिलनी चाहिए।

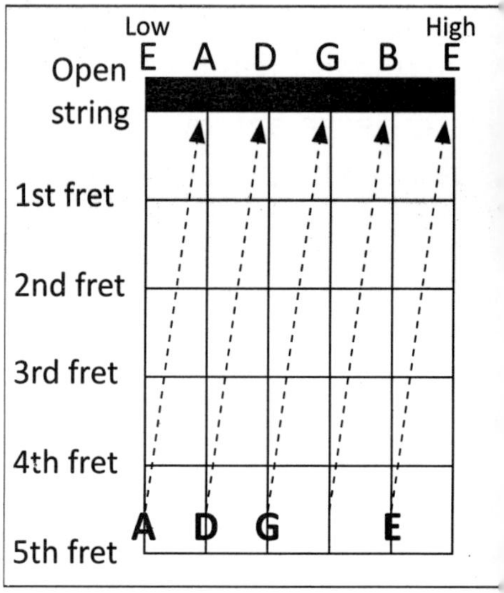

गिटार कैसे पकड़ें? How to hold Guitar

गिटार को गोद में रखकर, कमर सीधी करके बैठें। कंधे और कोहनी के बीच के भाग (डौले) को गिटर के ऊपरी गोल किनारे पर से इस तरह हल्का सा दबाकर पकड़ें कि गिटार का फ्रैट बोर्ड, गिटार की बॉडी से 20°-25° ऊपर की तरफ (upward) होगा, तो उंगलियाँ छठी तार के फ्रैट पर बड़े आराम से पहुँच जायेंगी।

फ्रैट बोर्ड कैसे पकड़ें?

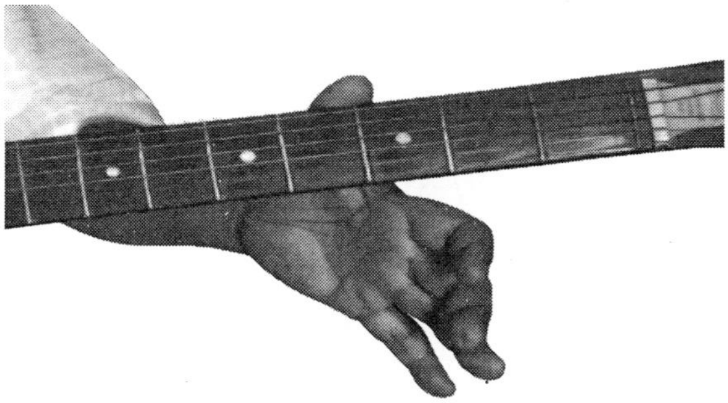

अंगूठे को सहारे के लिये, सीधा करके फ्रैट बोर्ड के पीछे ऊपर टिकाये रखें। सारी उंगलियों को नीचे की तरफ लटका कर अलग–अलग दिशा में हिलाएं, ऐसा करने से उंगलियाँ स्वतन्त्र होंगी और उंगलियों में लचीलापन आयेगा।

आवाज़ पर नियंत्रण कैसे बनाना है?

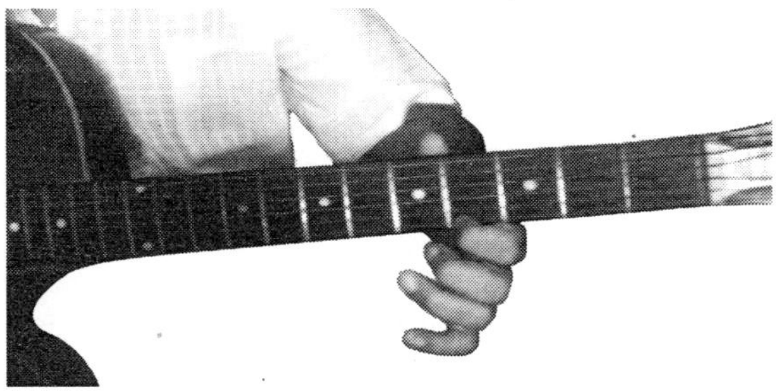

उंगली की टिप से तार को दबाकर फ्रैट को छुने दें और पत्ते से तार बजाये, जब तक आवाज़ को गूंजने की जरूरत हो, आवाज़ को गूंजने दें। आवाज़ को चुप (mute) करने के लिये उंगली का दबाव कम कर दें। 1, 2 की गिनती बोलते हुये, पत्ते से तार को 2 बार बजायें और 2 के बाद आवाज़ को चुप (mute) करा दें और बगैर देर किये बार–बार बजायें, ऐसा करने से आवाज़ के आने और चुप करने पर नियन्त्रण बनता जायेगा और रदम आभास भी होगा।

उंगलियों को फ्रैटस पर कैसे रखना है?

उंगली न• 1 की टिप को हुक (hook) बनाकर, किसी भी एक फ्रैट पर ऐसे रखें कि उंगली न• 2, 3 और 4, अगले 3 फ्रैटस पर आसानी से आ जाये। बगैर अंगूठा हटाये,

उंगली न• 2, 3 और 4 को खींच कर अगले 3 फ्रैटस को छूने की कोशिश करने से उंगलियाँ खुलती हैं। अंगूठा, उंगली न• 1, 2 के सामने होना चाहिये, ताकि अंगूठे का दबाव सारी उंगलियों पर बराबर पड़ता रहे। उंगलियों के नाखून आपकी नज़र के सामने होने चाहिये।

पत्ते कैसे पकड़ें? How to hold Pick/Plectrum

पत्ते (Pick) को दायें हाथ की उंगली न• 1, 2 पर रखकर, अंगूठे की टिप (Tip) से हल्का सा दबाकर पकड़ना चाहिए, उंगली न• 3, 4 को अन्दर की तरफ मोड़ के रखना है, ताकि उंगलियाँ गिटार बॉडी पर न लगे।

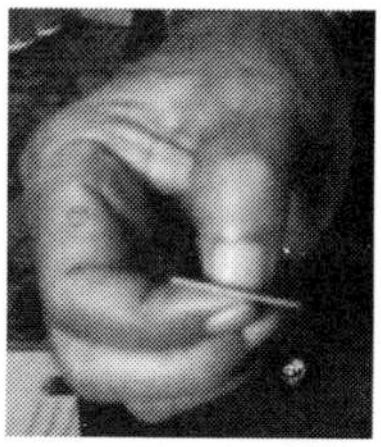

पत्ते को तारों पर कैसे होना चाहिये?

पत्ते की नोक, बड़े हुए नाखून के बराबर तार के अन्दर होनी चाहिये, पत्ता, तार की सिधाई से लगभग $10^0–15^0$ टेड़ा होना चाहिए, ताकि पत्ता तार के दोनों तरफ आराम से फिसलता रहे। पत्ते से तार/तारों को दोनों तरफ से धकेला (Push/pull) जाता है। अगर पत्ता ज्यादा अन्दर होगा या कसकर (tight) पकड़ा है, तो पत्ता तारों में अड़ेगा, तारों के टूटने का भी डर भी लगा रहेगा और पत्ते के बराबर चलने में भी रूकावट आयेगी।

कलाई (Wrist position) **कहाँ रखे?**

कोहनी को मोड़ कर, कलाई को ब्रिज से ज़रा सा पीछे टिका कर रखें ताकि कलाई का कोई भी भाग तारों को ना छुए। जैसे रेखागणित (Geometry) में compass का pointer एक जगह स्थिर रहता है, ठीक उसी तरह कलाई को ब्रिज के पीछे स्थिर रखे, अगर कलाई, ब्रिज (Bridge) से आगे होगी तो ठोस (dead) आवाज़ आयेगी।

उंगलियों और कलाई के लिये व्यवहारिक अभ्यास

Practical Exercise

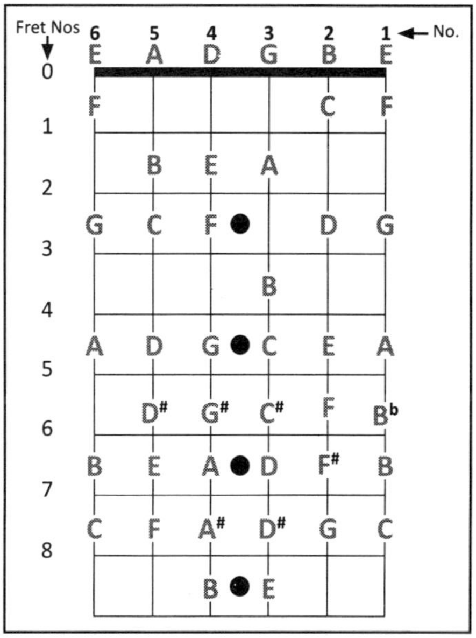

गिटार बजाने के लिये बायें हाथ की उंगलियों और दायें हाथ की कलाई का चुस्त दुरुस्त होना बहुत जरूरी है। सारा खेल उंगलियों और कलाई को गति से चलाने का है। उंगलियों और कलाई के व्यायाम के लिये, कुछ बहुत जरूरी और साधारण अभ्यास दिये गए हैं, जिससे उंगलियों और कलाई पर आपका नियंत्रण बनेगा और फुर्ती आयेगी। जिसके लिये आपको निरन्तर अभ्यास करते रहना है। आरोही (asending order), अवरोही (desending order) कहलाता है। अभ्यास के लिये तार न• 1, 2, 3, 4 और 5 के फ्रैटस न• 5, 6, 7 और 8 को अपना अभ्यास क्षेत्र बनायेंगे। तार न• 5 पर क्रमशः D, D#, E और F स्वर आते हैं, तार न• 4 पर क्रमशः G, G#, A, और A# स्वर आते हैं, तार न• 3 पर क्रमशः C, C#, D और D# स्वर आते हैं। तार न• 2 पर क्रमशः E, F, F# और G स्वर आते हैं। तार न• 1 पर क्रमशः A, B^b, B और C स्वर आते हैं। 3 या 4 लगातार स्वर जैसे C, C#, D, D# स्वरों के समूह को Crometic notes (क्रोमेटिक नोटस) कहते हैं।

अभ्यास न• 1 (आरोही)

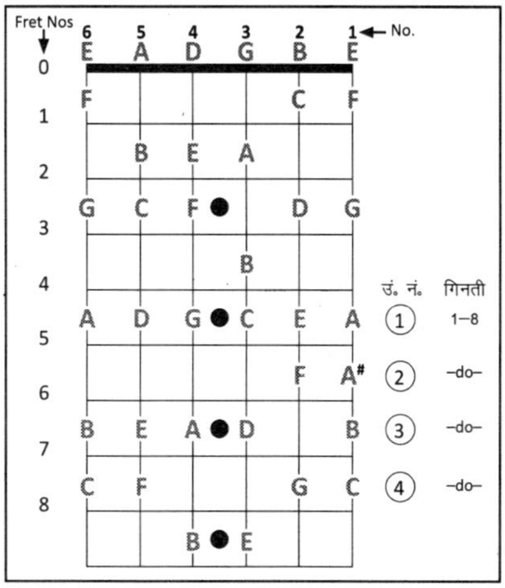

तार न• 1 के फ्रैट न• 5, 6, 7 और 8 पर A, A#, B और C notes आते हैं। फ्रैट न• 5, 6, 7 और 8 पर क्रमश उंगली न• 1, 2, 3 और 4 आयेगी। तार न• 1 के फ्रैट न• 5 पर उंगली न• 1 रखकर, पत्ते को तार के ऊपर से 1 से 8 तक की गिनती गिनते हुये दोनों तरफ बजाते रहें, 1↓2↑3↓4↑5↓6↑7↓8↑ और 8 की गिनती पूरी होते ही, बगैर देर किये, उंगली न• 2

को फ्रैट न॰ 6 पर, उंगली न॰ 3 को फ्रैट न॰ 7 पर और उंगली न॰ 4 को फ्रैट न॰ 8 पर गिनती के साथ बजाना शुरू कर दें। हर अगली गिनती का 1 उसी समय के अनुसार शुरू हो जाना चाहिये। जब तक पत्ते पर अपका नियन्त्रण नहीं बन जाता, अभ्यास करते रहें।

अभ्यास न॰ 2 (अवरोही)

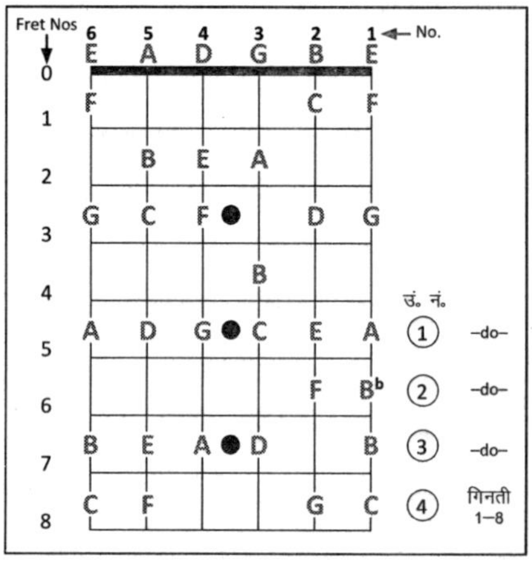

तार न॰ 1 के फ्रैट न॰ 8, 7, 6 और 5 पर C, B, B^b और A notes आते हैं। फ्रैट न॰ 8, 7, 6 और 5 पर क्रमश उंगली न॰ 4, 3, 2 और 1 आयेगी। तार न॰ 1 के फ्रैट न॰ 8 पर उंगली न॰ 4 रखकर, पत्ते को तार के नीचे से, 1 से 8 तक की गिनती गिनते हुये दोनों तरफ बजाते रहें 1↑2↓3↑4↓5↑6↓7↑8↓ और 8 की गिनती पूरी होते ही, बगैर देर किये, उंगली न॰ 3 को फ्रैट न॰ 7 पर, उंगली न॰ 2 को फ्रैट न॰ 6 पर और उंगली न॰ 1 को फ्रैट न॰ 5 पर गिनती के साथ बजाना शुरू कर दें। हर अगली गिनती का 1 उसी समय के अनुसार शुरू हो जाना चाहिये। जब तक पत्ते पर आपका नियन्त्रण नहीं बन जाता, अभ्यास करते रहें।

अभ्यास न॰ 3 (1 से 4 की गिनती गिनते हुये अभ्यास करना है।) **(अवरोही)**

इस अभ्यास में उंगलियों और फ्रैटस की व्यवस्था पहले जैसी रहेगी, सम और विषम उंगली न॰ 1, 3, 2, 4 से तार न॰ 1 के फ्रैट न॰ 5, 7, 6 और 8 पर 1 से 4 की गिनती गिनते हुये चलाने का अभ्यास करेंगे। ये अभ्यास दोहराते रहेंगे, जब तक उंगलियाँ मलाई की तरह नहीं चलती।

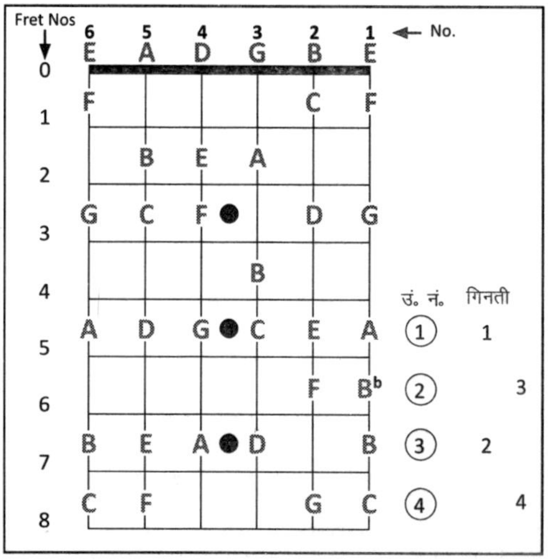

गिनती	उंगली न॰	फ्रैटस न॰
1	1	5
2	3	7
3	2	6
4	4	8

अभ्यास न॰ 4 (1 से 4 की गिनती गिनते हुये अभ्यास करना है।) **(अवरोही)**

ये अभ्यास न॰ 3 का उल्टा है। उंगलियों का क्रम उंगली न॰ 4, 2, 3 और 1 होगा, 1 से 4 तक की गिनती गिनते हुए बजायें। उंगलियाँ एक दूसरी उंगली से अलग चले, इसके लिये ये अभ्यास तार न॰ 1 के फ्रैटस न॰ 8, 6, 7 और 5 (C, B, B^b, A notes) पर करना हैं। उंगलियाँ, फ्रैटस और तारों की व्यवस्था पहले जैसी ही रहेगी। 1 से 4 की गिनती गिनते हुये, हर स्वर को 1–1 बार बजाकर, उंगलियाँ बदलनी हैं।

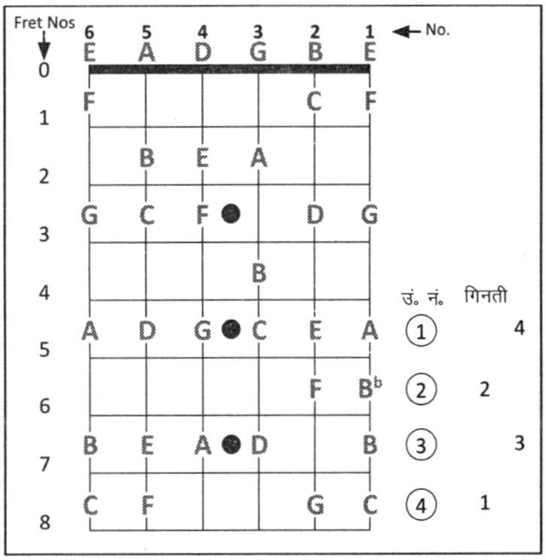

गिनती	उंगली न॰	फ्रैटस न॰
1	4	8
2	2	6
3	3	7
4	1	5

अभ्यास न॰ 5 (आरोही)

हर उंगली एक, दूसरी उंगली से स्वतंत्र चले, इसके लिये, ये अभ्यास तार न॰ 1 के फ्रैटस न॰ 5, 6, 7 और 8 (A, B^b, B और C notes) पर करना है। फ्रैटस और उंगलियों की व्यवस्था पहले जैसी रहेगी। अर्थात 1, 3, 5 और 7 पर उंगली न॰ 1 रहेगी। ये अभ्यास दोहराते रहेंगे, जब तक उंगलियाँ मलाई की तरह नहीं चलती।

गिनती	उंगली न॰	फ्रैटस न॰
1	1	5
2	2	6
3	1	5
4	3	7
5	1	5
6	4	8
7	1	5
8	3	7

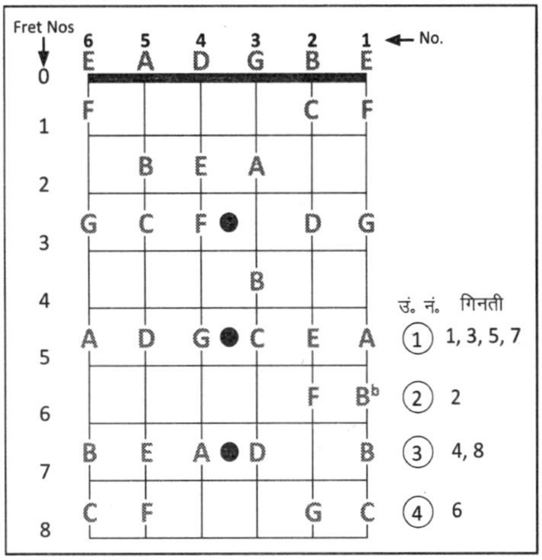

अभ्यास न• 6 (अवरोही)

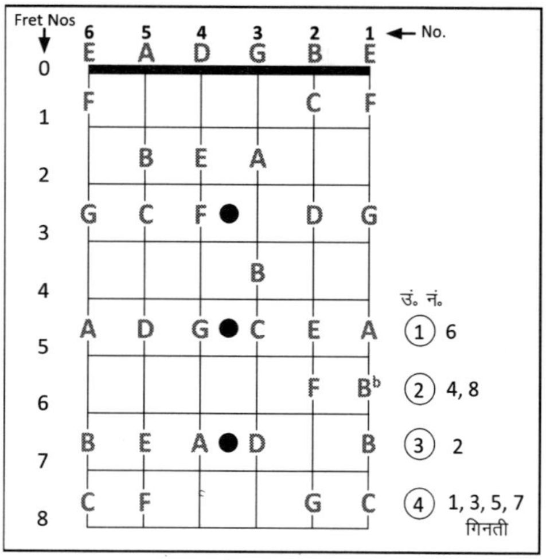

हर उंगली एक, दूसरी उंगली से अलग चले, इसके लिये ये अभ्यास तार न• 1 के फ्रैटस न• 8, 6, 7 और 5 (C, B, B^b और A notes) पर करना है। फ्रैटस और उंगलियों की व्यवस्था पहले से उल्टी हो जाएगी। 1 से 8 की गिनती गिनते हुये, हर स्वर को 1–1 बार बजाकर, उंगलियाँ बदलनी हैं। अर्थात 1, 3, 5 और 7 की गिनती पर उंगली न• 4 रहेगी, 2, 4, 6 और 8 पर उंगली न• 3, 2, 1 और 2 आयेगी। यही क्रम तार न• 2, 3 और फिर 2 पर करने से अभ्यास का 1 चक्र पूरा होता है।

Set 1, 2 and 3 of exercise no. 6

गिनती	उंगली न•	फ्रैटस न•	गिनती	उंगली न•	फ्रैटस न•
1	4	8	2	3	7
3	4	8	4	2	6
5	4	8	6	1	5
7	4	8	8	2	7

अभ्यास न• 7 (1 से 8 की गिनती गिनते हुये बजायें।)

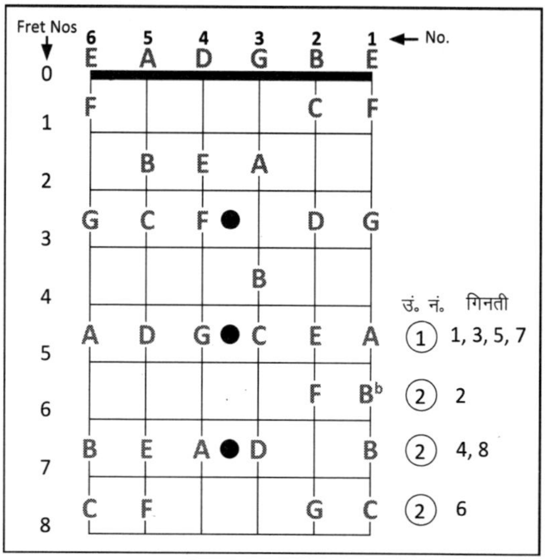

हर उंगली को फ्रैटस तक फैलाने की कोशिश करनी होगी, ताकि उंगलियाँ एक दूसरी उंगली से ज्यादा दूर तक खुले। ये अभ्यास तार न• 1 पर, 2–2 उंगलियों से तीन सेटस (3 sets) में करना है। sets no. 1 उंगली न• 1, 2 से फ्रैटस न• 5, 6, 7, 8 अर्थात A, A#, B और C notes; sets no. 2 उंगली न• 2, 3 से फ्रैटस न• 6, 7, 8 और 9 अर्थात A#, B, C और C# notes; sets no. 3 उंगली न• 3, 4 से फ्रैटस न• 7, 8, 9 और 10 अर्थात B, C, C# और D notes नीचे दिये हुये चार्ट के अनुसार करना है।

SET 1			SET 2			SET 3		
उंगली न॰ 1 और 2 को खोलना			उंगली न॰ 2 और 3 को खोलना			उंगली न॰ 3 और 4 को खोलना		
गिनती	उंगली न॰	फ्रैटस न॰	गिनती	उंगली न॰	फ्रैटस न॰	गिनती	उंगली न॰	फ्रैटस न॰
1	1	5	1	2	6	1	3	7
2	2	6	2	3	7	2	4	8
3	1	5	3	2	6	3	3	7
4	2	7	4	3	8	4	4	9
5	1	5	5	2	6	5	3	7
6	2	8	6	3	9	6	4	10
7	1	5	7	2	6	7	3	7
8	2	7	8	3	8	8	4	9

अभ्यास न॰ 8 (1 से 8 की गिनती गिनते हुये, ये अभ्यास करना है।)

जिस तार को दबाया हुआ है, क्या आप उसी तार को बजा रहे हैं, इसी तरह की गलती कई बार होती है। इसके लिये ये अभ्यास करना जरूरी है, ताकि दोनों हाथों में ताल मेल हो कि जो तार दबाई हुई है, क्या आप उसी को बजा रहे हैं।

1 से 8 की गिनती गिनते हुये उंगली न॰ 1 से तार न॰ 1, 2, 3, 4, 5, 4, 3 और 2 को फ्रैट न॰ 5 पर 1–1 बार बजाना है, 8 की गिनती पूरी होते ही बगैर देर किये उंगली न॰ 2, 3 और 4 फ्रैट न॰ 6, 7 और 8 पर सामान्य समय से गिनती का क्रम शुरू हो जाना चाहिये।

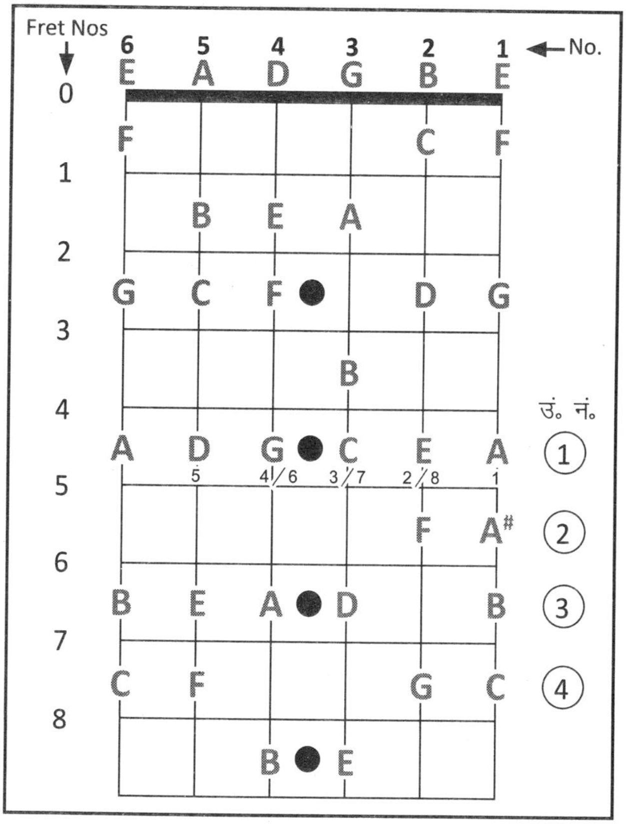

इस अभ्यास को बारबार बजाने से तार, फ्रैटस और पत्ते में ताल मेल बनता है।

गिनती	1	2	3	4	5	6	7	8	फ्रैट न•	उंगली न•
तार न•	1	2	3	4	5	4	3	2	5	1
तार न•	1	2	3	4	5	4	3	2	6	2
तार न•	1	2	3	4	5	4	3	2	7	3
तार न•	1	2	3	4	5	4	3	2	8	4

अभ्यास न• 9 सरगम

अगर उंगलियों और पत्ते पर आपका पूरा नियन्त्रण हो चुका है, उंगलियाँ फ्रैटस पर और पत्ता तारों पर मलाई की तरह चल रहा हैं, तो सरगम का अभ्यास किया जा सकता है। इन फ्रैटस पर Natural Diatonic Scale के C, D, E, F, G, A, B, और C notes आते हैं। जो प्राकृतिक सरगम सा, रे, ग, म, प, धा, नि और सां के अनुरूप है।

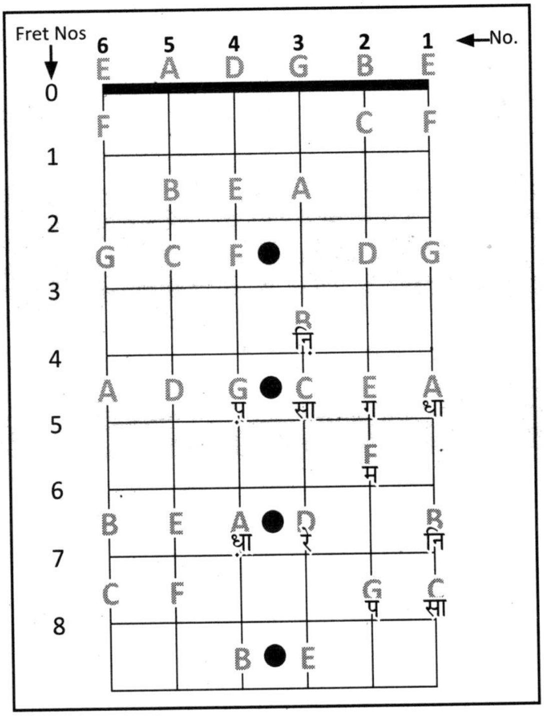

स्वर	तार न•	फ्रैट न•	उं॰ न•
प़, धा़	4	5, 7	2, 4
नि़, सा, रे	3	4, 5, 7	1, 3
ग, म, प	2	5, 6, 8	1, 2, 4
धा, नि, सा	1	5, 7, 8	1, 3, 4

आरोही में ऊपर (↓) से शुरू करके, तार को दोनों तरफ से बजाते हुये, सा, रे, ग, म, प, धा, नि तक, हर सुर को 8–8 बार बजाते हुये अन्त में सां को एक बार बजाने के साथ 8 तक की गिनती तक गूंजने देना है। आठ की गिनती पूरी होते ही, अवरोही में नीचे (↑) से शुरू करते हुये तार को दोनों तरफ से बजाते हुये, सां, नि, धा, प, म, ग, रे तक हर सुर को 8–8 बार बजाते हुये अन्त में सा को एक बार बजाने के साथ आठ तक की गिनती तक गूंजने देना है।

Major & Minor Chords

गिटार पर हर कोर्ड को तीन अलग–अलग तरह से पकड़ा जाता है। इसलिये ये जरूरी हो जाता है कि इन तीनों की पोज़ीशन को X मेजर और माइनर, Y मेजर और माइनर, Z मेजर और माइनर के नाम से पहचानेंगे। इसी आधार पर कोर्डस की तीनों पोज़ीशन के 3 अलग–अलग चार्ट X, Y और Z पोज़ीशन के बनाये गये हैं, हर फ्रैटस पर मेजर और माइनर कोर्डस को आमने सामने दर्शाया गया है।

इस पोज़ीशन में मेजर और माइनर कोर्डस का मूल स्वर (Tonic note) पहली और चौथी तार पर और अगर पूरा Bar chord पकड़ें तो छठी तार पर भी आता है। Dominant दूसरी और पाँचवीं तार पर और Mediant तीसरी तार पर आता है।

Chords in X Position

Major

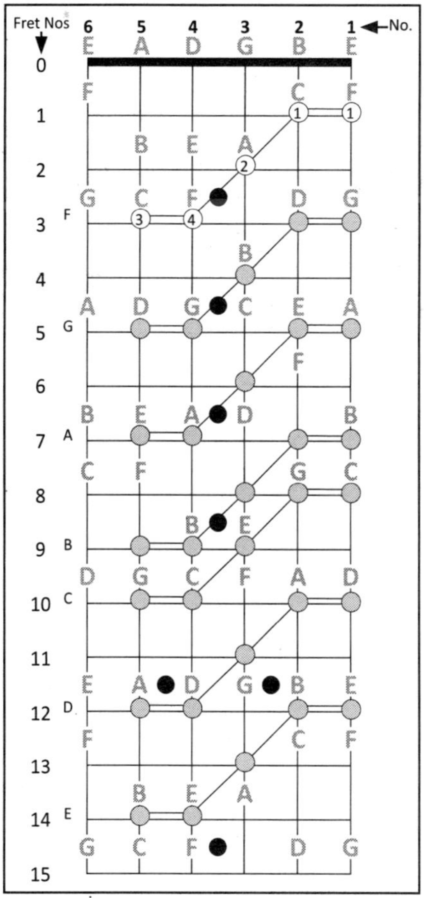

. Minor & Midol

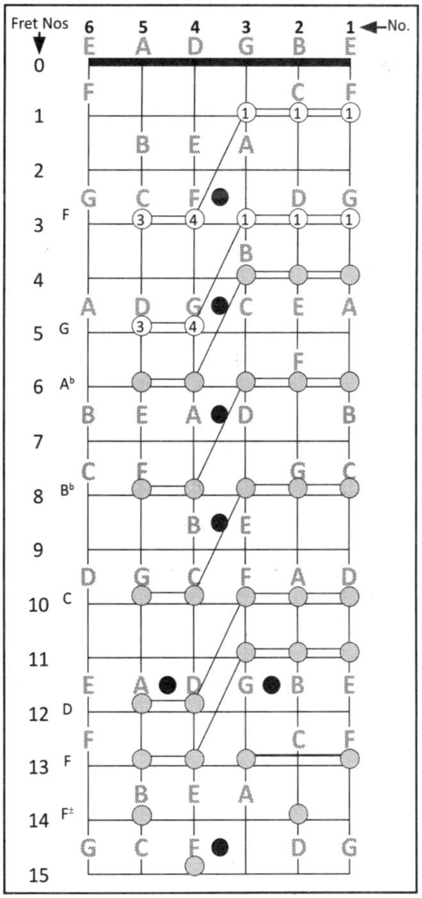

Y पोज़ीशन में मेजर और माइनर कोर्डस का मूल स्वर (Tonic Note) तीसरी तार पर आता है। अगर पूरा Bar chord पकड़ें तो पाँचवीं तार पर भी आता है। Dominant पहली और चौथी तार पर और Mediant दूसरी तार पर आता है।

Chords in Y Position

Major

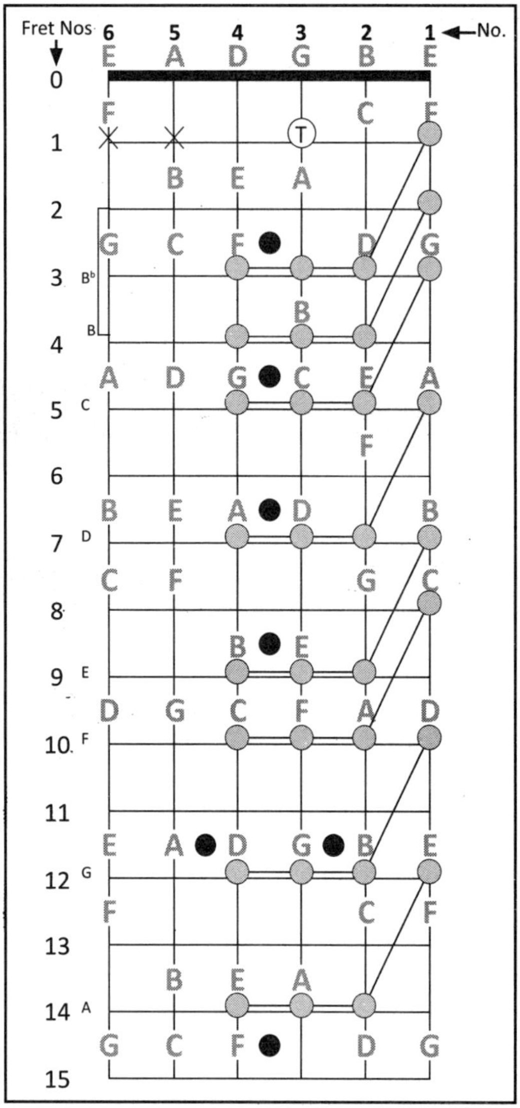

Minor & Midol

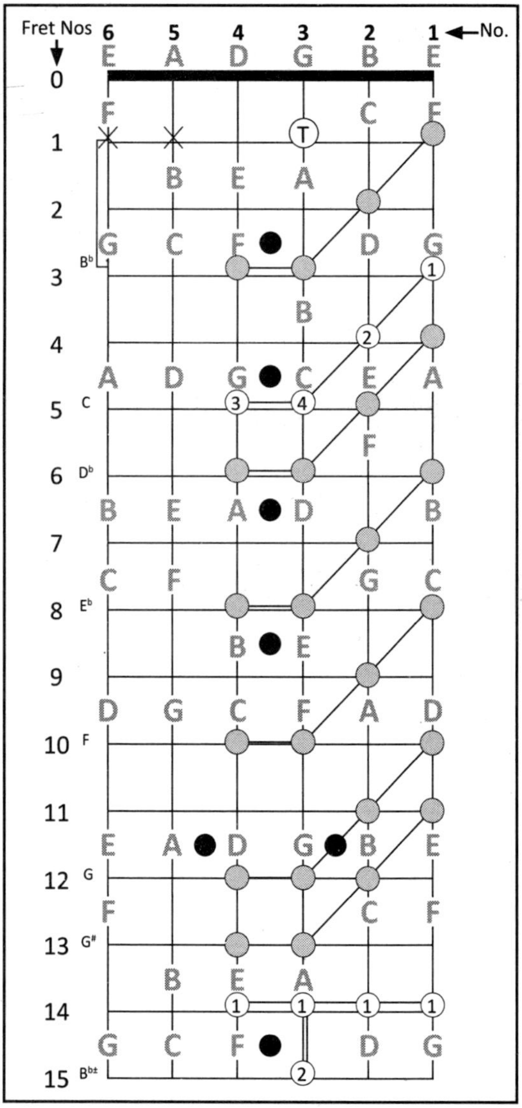

Z पोज़ीशन में D मेजर कोर्ड को 5 तारों पर पकड़ जा सकता है, मेजर कोर्डस की इस पोज़ीशन में मूल स्वर (Tonic Note) पाँचवीं और दूसरी और तार पर आता है, Dominant note तीसरी तार पर आता है, और Mediant note पहली और चौथी तार पर आता है। माइनर कोर्ड केवल 4 तारों को पकड़ा जाता है, माइनर कोर्ड का टोनिक नोट सिर्फ दूसरी तार पर आता है। Dominant note तीसरी तार पर आता है और Mediant note पहली और चौथी तार पर आता है। क्योंकि इस एक स्वर को, 2 तारों पर, एक–एक फ्रैट पीछे करके इसे पकड़ने से इसका रूप बदल जाता है।

Chords in Z Position

Major

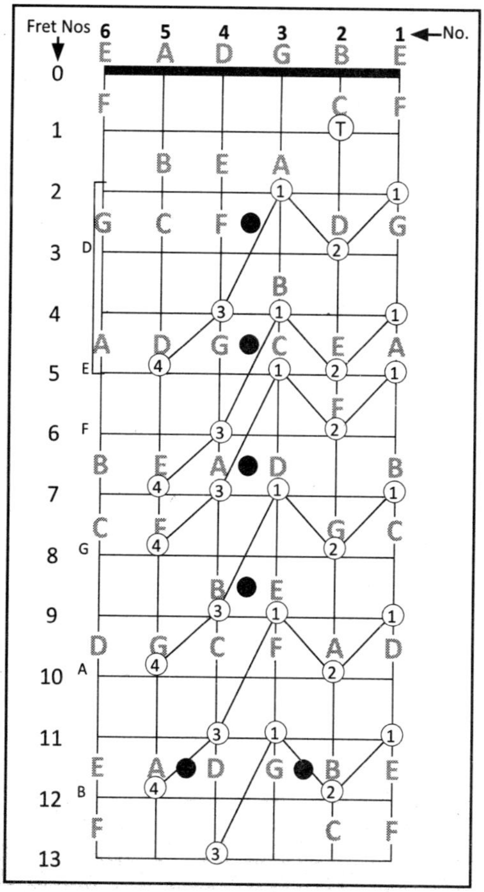

Minor

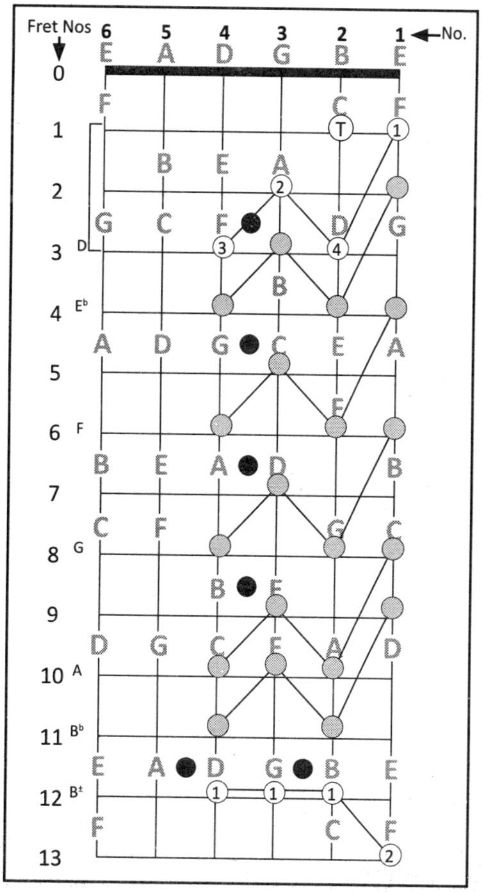

कोर्डस बनाने के नियम

पश्चिमी संगीत शब्दावली का अध्ययन करते हैं।

Tonic note सरगम या कोर्ड का मूल स्वर टोनिक स्वर कहलाता है।

Dominant आरोही में किसी भी स्वर से 5 स्वर ऊपर जैसे सा, रे, ग, म, प (1, 2, 3, 4, 5) या लगातार गिनती (chromatic) में आठवां स्वर ऊपर जैसे सा, रे॒, रे, ग॒, ग, म, मं **प** (1, 2, 3, 4, 5, 6, 7, 8) "प" अर्थात "सा" का डोमीनेन्ट (dominant) "प" है "रे" का "धा" है और "ग" का "नि" है, म का सा, प का रे, धा का ग इत्यादि।

Mediant सा से प (tonic और dominant) तक लगातार गिनती (क्रोमेटिक) में 8 स्वर होते हैं, दोनों तरफ की गिनती में जो स्वर, न• 4 और न• 5 की गिनती पर आते हैं, जैसे आरोही में सा, रे॒, रे, **ग॒**, **ग**, म, मं और प (8 स्वर) के बीच चौथा और पाँचवां (1, 2, 3, **4**, **5**, 6, 7, 8) या अवरोही में प, मं, म, **ग**, **ग॒**, रे, रे॒ और सा (8 स्वर) के बीच चौथा और पाँचवां स्वर (1, 2, 3, **4**, **5**, 6, 7, 8) मीडियेन्ट कहलाता है। आरोही में क्रोमेटिक पाँचवां स्वर लगता है तो कोर्ड मेजर कहलाता है। और अवरोही में क्रोमेटिक पाँचवां स्वर लगता है तो कोर्ड माइनर कहलाता है। साधारण तौर पर दोनों मिडीयेन्ट में से 1 स्वर लगता है, लेकिन कभी–कभी दूसरा मिडियेन्ट स्वर भी क्षणभर (accidently) के लिये लग सकता है या न भी लगे जरूरी नहीं है।

Sub Dominant अवरोही में उसी स्वर से 5 स्वर नीचे जैसे सां, नि, धा, प, म (1, 2, 3, 4, 5) या लगातार गिनती में आठवां स्वर (सा, नि, नि॒, धा, धा॒, प, मं, म (1, 2, 3, 4, 5, 6, 7, 8) अर्थात "म", "सा" का सब डोमीनेन्ट Sub Dominant हैं।

कभी–कभी Dominant स्वर की जगह वो स्वर आ जाता है, जो उस सरगम का हिस्सा नहीं होता, आरोही में नि से गिनती में आठवां क्रोमैटिक स्वर तीव्र मं हैं, जैसे नि, सा, रे॒, रे, ग॒, ग, म, मं 8वाँ स्वर तीव्र मं हैं। अवरोही में नि, नि॒, धा॒, धा, प, मं, क्रोमैटिक गिनती में ये दूरी केवल 6 स्वरों की है। क्योंकि दोनों तरफ की गिनती में तीव्र मं आता हैं, जो सरगम का हिस्सा नहीं है। इसलिये डोमीनेन्ट का नियम यहाँ पर लागू नहीं होता। ऐसे में डोमीनेन्ट स्वर के आगे का एक स्वर और पीछे का एक स्वर, कोर्ड में शामिल किया जाता है। परन्तु मीडयेन्ट जैसे नि, सा, रे॒, रे क्रोमेटिक क्रम के 4 नम्बर पर आता है, इससे कोर्ड के माइनर होने की पुष्टि तो होती है। Dominant स्वर के ना होने से इस कोर्ड को माईनर बिना डोमिनेन्ट के अर्थात (minor dominant less) कोर्ड कह सकते हैं। संगीत के अनुसार किसी गाने में सातों स्वरों पर जरूरत पड़ने पर कोर्डस लगाने हों, तो

अधिकतर 3 मेजर, 3 माईनर और 1 माईडल कोर्ड लगता है। (मेजर और माईनर कोर्डस बनाने के लिये Table देखें)।

Tonic, Dominnt and Sub dominant chords में सरगम के सारे स्वर आ जाते हैं। अगर C से C^H या सा से सां तक के सारे स्वरों को लगातार गिने तो कुल 13 स्वर हो जाते हैं। 13 स्वरों से इसे गणित में समझने प्रयत्न का करे तो कोर्डस बनाने के सिद्धान्त और प्रणाली को बड़ी सहजता से समझा जा सकता है। (C^H = C higher note)

Chromatic notes (निरन्तर सटे हुये स्वर) जैसे सा, रे॒, रे, ग॒, ग, म, मं, प, धा॒, धा, नि॒, नि और (C, C#, D, D#, E, F, F#, G, G#, A, A#, B) में लगातार इकट्ठे किसी भी 3 या 4 स्वरों की शृंखला को क्रोमेटिक स्वर (notes) कहते हैं। (कोर्डस बनाने के चार्ट में) क्रोमेटिक स्वर का विस्तार से विश्लेषण किया है, जो कोर्डस बनाने में बड़ा सहायक होगा।

किसी भी धुन का मूल कोर्ड (Tonic Chord) मेजर या माईनर होता है। जिसमें Tonic note नोट के पंचमभाव (Dominant note) अर्थात दोनों स्वर में सा से प का अन्तराल होता है।

जैसे G scale में सरगम बजाते हैं तो G, A, B, C, D, E और F# स्वर लगते हैं। इन notes का Dominant क्रमशः G का D, A का E, B का F#, C का G, D का A, E का B, F# का C# होता है। C# सरगम का हिस्सा नहीं होता। इसलिये इस कोर्ड में इस स्वर के स्थान पर इससे आगे और पीछे के एक–एक स्वर C और D कोर्ड में मिला सकते हैं जो सरगम का हिस्सा हैं।

इसी तरह C scale में सरगम बजाते हैं तो C, D, E, F, G और B स्वर लगते हैं। इन notes का Dominant क्रमशः C का G, D का A, E का B, F का C, G का D, A का E, B का F# होता हैं। F# सरगम का हिस्सा नहीं होता। इसलिये इस स्वर के स्थान पर इससे आगे और पीछे के एक–एक स्वर F और G कोर्ड में मिला सकते हैं जो सरगम का हिस्सा हैं।

इसी तरह D scale में सरगम बजाते है तो D, E, F#, G, A, B और C# स्वर लगते हैं। इन notes का Dominant क्रमशः D का A, E का B, F# का C#, G का D, A का E, B का F# और C# का G# होता हैं। G# सरगम का हिस्सा नहीं होता। इसलिये इस स्वर के स्थान पर इससे आगे और पीछे के एक–एक स्वर G और A कोर्ड में मिला सकते हैं जो सरगम का हिस्सा हैं और इस तरह हम इस कोर्ड को बिना डोमिनेन्ट का माईनर कह सकते हैं।

अंकों के क्रम से तालिका में Dominant और Sub dominant को पहचाने

Tonic note, Dominant and Sub dominant notes in Diatonic Scale

Chord's Formula with tonic, dominant and Sub dominant												
Tonic	Semi super tone	Super Tone	Semi mediant	Mediant	Sub Domi-nant	Mid Domi-nant	**Dominant**	Semi Sub mdiant	Sub mediant	Semi lead note	Lead note	Tonic
1	2	3	4	5	6	7	8	9	10	11	12	13
13	12	11	10	9	8	7	6	5	4	3	2	1
1	2		3		4		5	6		7		8
C	D^b	D	E^b	E	**F**	G^b	G	A^b	A	B^b	B	C
D	E^b	E	F	$F^{\#}$	**G**	A^b	A	B^b	B	C	D^b	D
E	F	$F^{\#}$	G	A^b	**A**	B^b	B	C	D^b	D	E^b	E
F	$F^{\#}$	G	A^b	A	**B^b**	B	C	D^b	D	E^b	E	F
G	A^b	A	B^b	B	**C**	D^b	D	E^b	E	F	$F^{\#}$	G
A	B^b	B	C	D^b	**D**	E^b	E	F	$F^{\#}$	G	A^b	A
B	C	D^b	D	E^b	**E**	F	$F^{\#}$	G	A^b	A	B^b	B

Mediant: मीडीयेन्ट स्वर के बीच का स्वर होता है। Tonic और dominant में लगातार 8 स्वरों की दूरी के बीच, लगातार अरोही और अवरोही में जो स्वर न॰ 4 और न॰ 5 आते हैं मीडीयेन्ट mediant कहलाते हैं। अगर अरोही में पाँचवां स्वर आता है तो कोर्ड मेजर होता है और अवरोही में पाँचवां स्वर आता है तो कोर्ड माईनर कहलाता है।

इस तालिका से कोर्ड के मेजर और माइनर होने का पता चलता है।

Formula of chords formation Mediant							
1	2	3	4	5	6	7	8
8	7	6	5	4	3	2	1
Tonic			Mediant		Sub Dominant		Dominant
			Minor	Major			
C	D^b	D	**E^b**	**E**	F	$F^{\#}$	G
D	E^b	E	**F**	**$F^{\#}$**	G	A^b	A
E	F	$F^{\#}$	**G**	**A^b**	A	B^b	B
F	$F^{\#}$	G	**A^b**	**A**	B^b	B	C
G	A^b	A	**B^b**	**B**	C	D^b	D
A	B^b	B	**C**	**D^b**	D	E^b	E
B	C	D^b	**D**	**E^b**	E	F	$F^{\#}$

सा स्वर पर सा, ग, प स्वर लगते हैं, स्वर अन्तराल 1, 5 और 8 होता है।

रे स्वर पर रे, म, धा स्वर लगते हैं, स्वर अन्तराल 1, 4 और 8 होता है।

ग स्वर पर ग, प, नि स्वर लगते हैं, स्वर अन्तराल 1, 4 और 8 होता हैं।

म स्वर पर म, धा, सां स्वर लगते हैं, स्वर अन्तराल 1, 5 और 8 होता है।

प स्वर पर प, नि, रे स्वर लगते हैं, स्वर अन्तराल 1, 5 और 8 होता है।

धा स्वर पर धा, सां, ग, स्वर लगते हैं, स्वर अन्तराल 1, 4 और 8 होता है।

नि स्वर पर नि, रे, (तीव्र मं सरगम मे नहीं है) अन्तराल 1, 4, 7 और 9 होता है।

Note परन्तु B note से आठवाँ स्वर $F^{\#}$ आता है, जो सरगम का हिस्सा नहीं है, इसलिये ये डोमीनेंट नहीं हो सकता। जैसे नि, सा, रे, रे, ग, ग, म, मं, तीव्र मं के विकल्प के रूप में तीव्र मं के स्थान पर इसके पीछे का एक स्वर (F) और आगे का एक स्वर (G) को लगा लिया जाता है, जो सरगम का हिस्सा होता है। और इस कोर्ड को B minor dominant less अर्थात B midol ($Bm^{\pm}$) कह सकते है। भारतीय संगीत की आवश्यकता के अनुसार minor dominant less कोर्ड लेखक द्वारा खोजा गया है।

सरगम किसी भी तार के किसी भी फ्रैट से बजाई जा सकती है

स्वरमाला के 12 स्वरों के समूह जैसे सा, रे, रे, ग, ग, म, मं, प, ध, ध, नि, नि सां को सप्तक कहते हैं। मंद्र सप्तक (Lower octave) स्वरों के नीचे बिन्दी (सा़) लगी होती हैं, मध्य सप्तक (Middle octave) और तार सप्तक (Higher octave) स्वरों के ऊपर बिन्दी (सां) लगी होती है। जो हर 12 स्वरों के बाद फिर से वही स्वरों को दोहराता है।

सप्तक के 12 स्वरों में से चुने हुये 7 स्वरों को सरगम कहते हैं। हर सरगम में मूल स्वर (tonic note) सा का पंचमभाव (dominant note) प अचल स्वर होते हैं, इनके नाम का कोई दूसरा स्वर नहीं होता और कोर्डस का आधार भी यही होता है। इन स्वरों का अन्तराल 5 शुद्ध स्वरों का या लगातार 8 स्वरों का अन्तराल होता है। सा का पंचम स्वर प, रे का धा, ग का नि, म का सा, प का रे, धा का ग होता है। अन्य 5 स्वरों में से 4 स्वरों के सहस्वरों को कोमल स्वर कहते हैं जिनके नीचे एक रेखा (Underline) लगी हाती है जैसे कोमल रे, कोमल ग, कोमल धा और कोमल नि परन्तु प अचल स्वर होने के कारण प से पूर्व के स्वर कोमल प नहीं कहते, इसलिये 'म' और 'प' के बीच के स्वर को तीव्र मं के नाम से जाना जाता है जिसके ऊपर एक छोटी सी खड़ी रेखा (कलंगी) लगी होती है।

Western music में Natural Diatonic Scale:— Natural अर्थात प्राकृतिक, diatonic अर्थात ध्वनि तरंगो का ग्राफ चार्ट, Scale अर्थात सरगम का फुट्टा। Natural Diatonic notes के नाम C, C# या Db, D, D# या Eb, E, F, F# या Gb, G, G# या Ab, A, A# या Bb, B और C हैं। जो भारतीय संगीत की सप्तक सा, रे, रे, ग, ग, म, मं, प, धा, ध, नि, नि और सां के बिलकुल समानान्तर है। diatonic notes के नाम C, D, E, F, G, A, B और C थाट बिलावल की सरगम सा, रे, ग, म, प, धा, नि और सां के बिलकुल समानान्तर है।

घड़ी के डाईल (dail) की तरह संगीत में भी 12 स्वर होते हैं। जिनके Natural Diatonic नाम C, C# या Db, D, D# या Eb, E, F, F# या Gb, G, G# या Ab, A, A# या Bb, और B हैं, जो अपनी जगह स्थिर रहते हैं। इसी तरह सरगम का एक चक्र (सा, रे, रे, ग, ग, म, मं प, धा, धा, नि, नि) हैं। जब हम G note से सरगम बजाते हैं तो सा, रे, ग, म, प, धा, नि और सां पर G, A, B, C, D, E, F# और G notes लगते हैं, C note से सरगम बजाते हैं तो C, D, E, F, G, A, B और C notes लगते हैं, D note से सरगम बजाते हैं तो D, E, F#, G, A, B, C# और D notes लगते हैं, (चित्र देखें)

G Major scale का Tonic note G होगा और relevant minor scale का tonic note E होगा, C Major scale का Tonic note C होगा और relevant minor

scale का tonic note A होगा और D Major scale का Tonic note D होगा और relevant minor scale का tonic note B होगा,

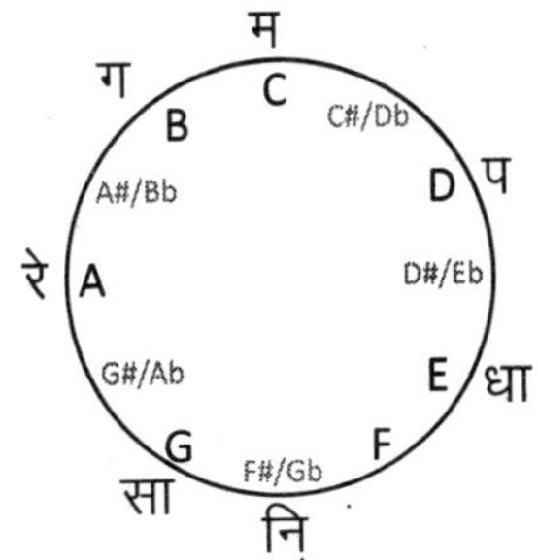

G note से सरगम

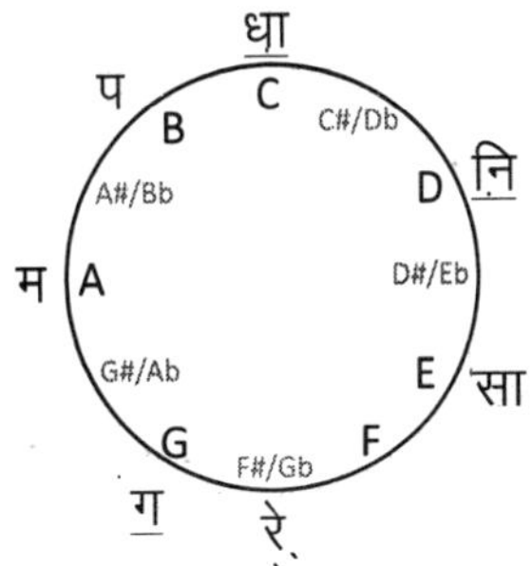

E note से सरगम

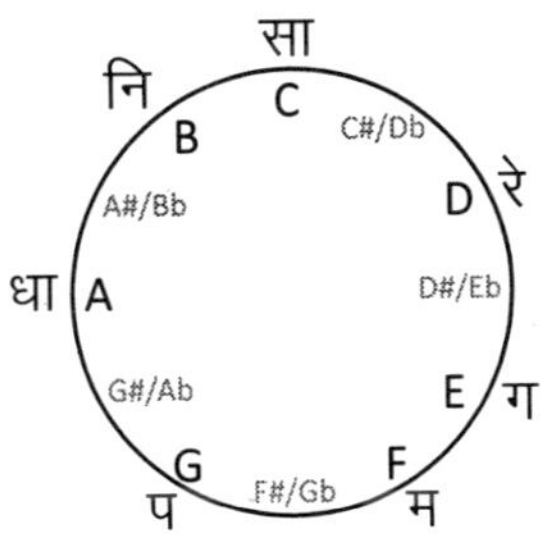

C note से सरगम

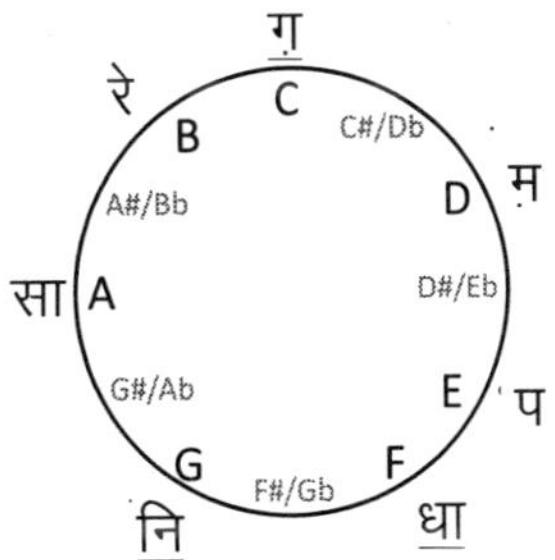

A note से सरगम

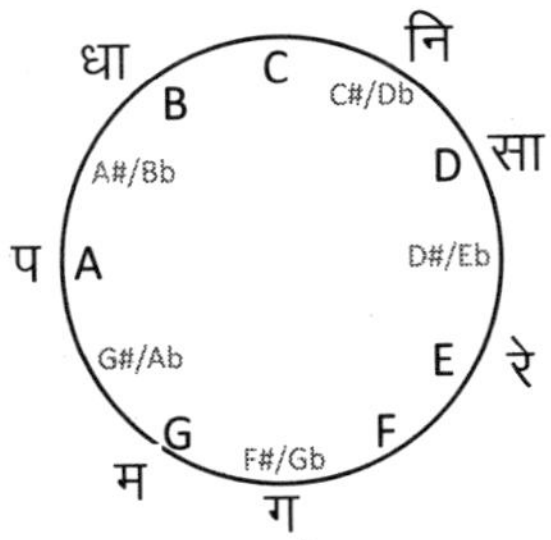

D note से सरगम

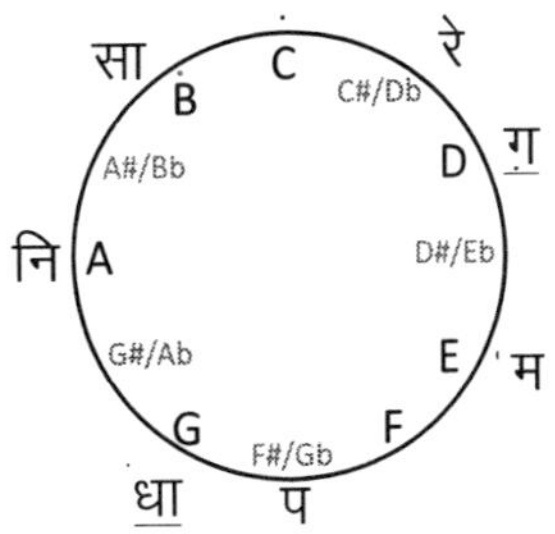

B note से सरगम

अध्याय के अगले पृष्ठों पर चौथी तार के फ्रैट न॰ 5 से G स्केल में, तीसरी तार के फ्रैट न॰ 5 से या पाँचवीं तार के फ्रैट न॰ 3 से C स्केल में और पाँचवीं तार के फ्रैट न॰ 5 से D स्केल में 6 थाट में सरगम लिखकर, फ्रैट बोर्ड का चार्ट बनाकर कोर्डस बनाने की प्रणाली का अध्ययन करेंगे। हर सरगम एक दूसरी सरगम से बिलकुल अलग है।

पहली लाईन (row) में अंक क्रम, दूसरी लाईन में सप्तक के सारे स्वरों के नाम, तीसरी लाईन में diatonic names of the octave, चौथी लाईन में थाट में लगने वाले स्वर, पाँचवीं लाईन में हर स्वर पर लगने वाले chords, छठी लाईन में स्वरों का अन्तराल।

थाट बिलावल G scale में सा, रे, ग, म, प, धा, नि और सां स्वर लगते हैं।

1	2	3	4	5	6	7	8	9	10	11	12	13
सा	रे	रे	ग	ग	म	मं	प	धा	धा	नि	नि	सां
G	A^b	A	B^b	B	C	D^b	D	E^b	E	F	$F^\#$	G
सा		रे		ग	म		प		धा		नि	सां
GM		Am		Bm	CM		DM		Em		$F^{\#\pm}$	G
1		3		5	6		8		10		12	13

तार न॰ 4 के फ्रैट न॰ 5 G note से थाट बिलावल की सरगम के हर स्वर पर कोर्डस बनाने का अध्ययन करेंगे। G Major, A minor, B minor, C Major, D Major, E minor, $F^\#$ midol और G Major कोर्डस लगेंगे।

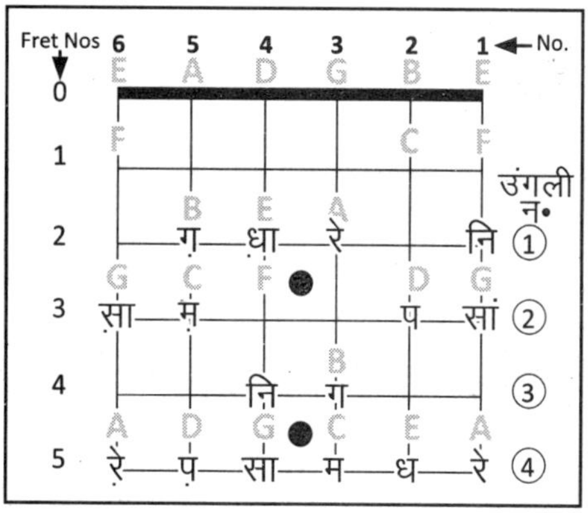

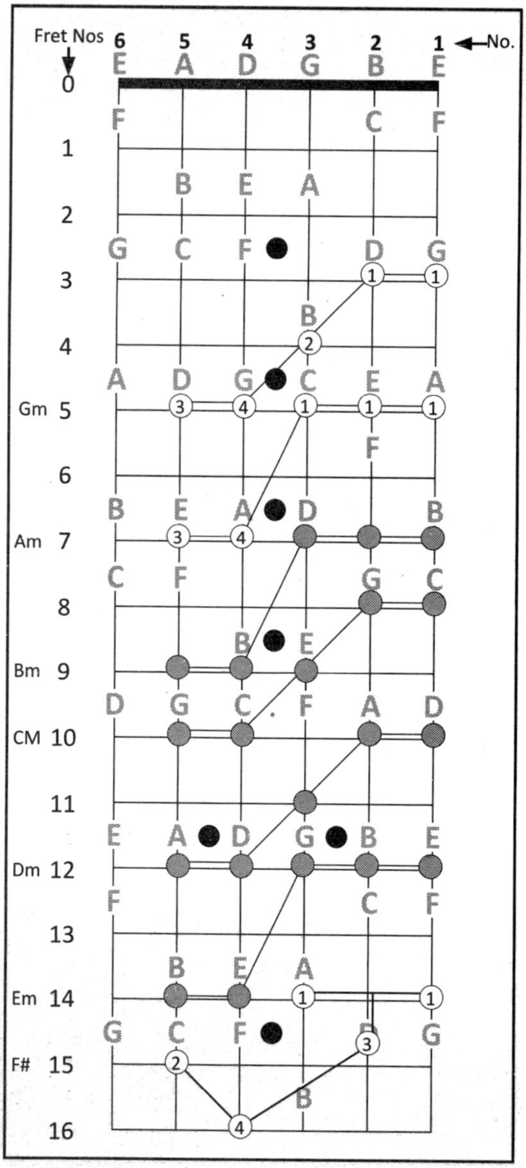

स्वर	तार न॰	फ्रैट न॰	उंगली न॰	स्वर	तार न॰	फ्रैट न॰	उंगली न॰
स़ा, ऱे	6	3, 5	2, 4	रे, ग, म	3	2, 4, 5	1, 3, 4
ग़, म़, प	5	2, 3, 5	1, 2, 4	प, धा	2	3, 5	2, 4
ध़ा, ऩि, सा	4	2, 4, 5	1, 2, 4	नि, सां, रें	1	2, 3, 5	1, 2, 4

स्वर	तार न॰	फ्रैट न॰	उंगली न॰	स्वर	तार न॰	फ्रैट न॰	उंगली न॰
स़ा, ऱे	4	5, 7	2, 4	धा, नि, सा	2	5, 7, 8	1, 3, 4
ग़, म़, प	3	4, 5, 7	1, 2, 4	रे, ग, म	1	5, 7, 8	1, 3, 4

स्केल के सरगम के हर स्वर पर लगने वाले कोर्डस के लिये नीचे देखें।

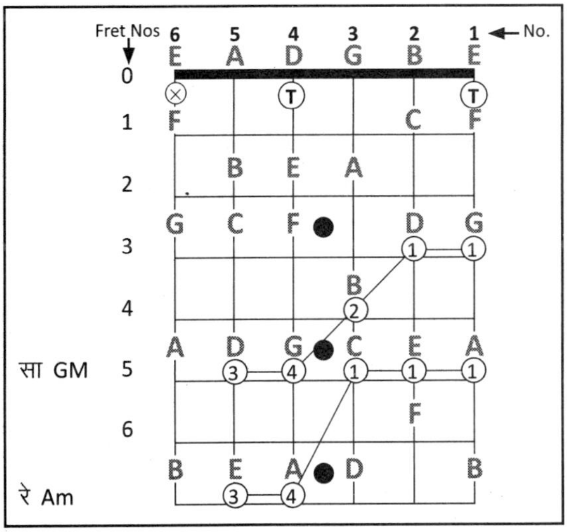

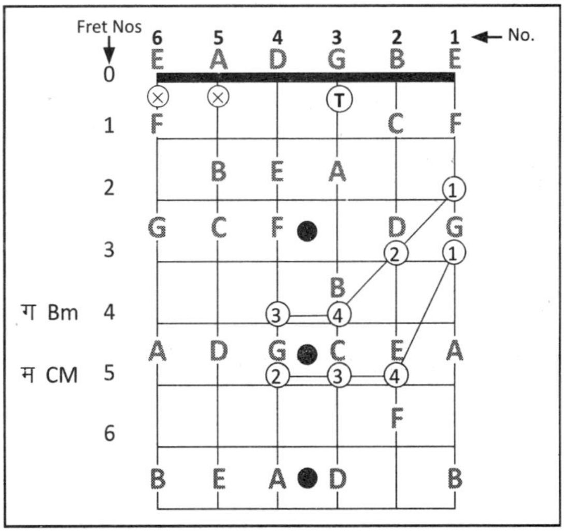

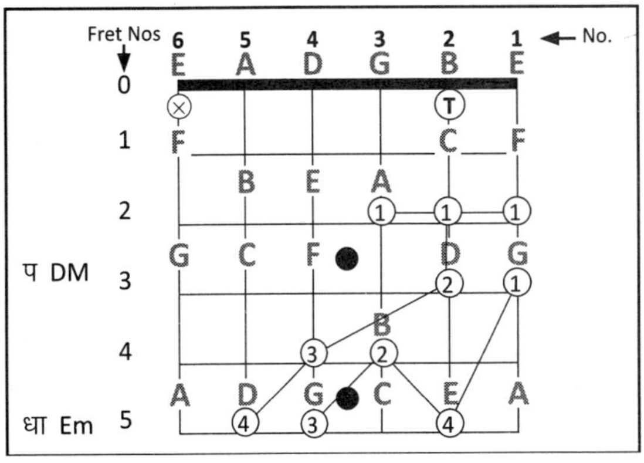

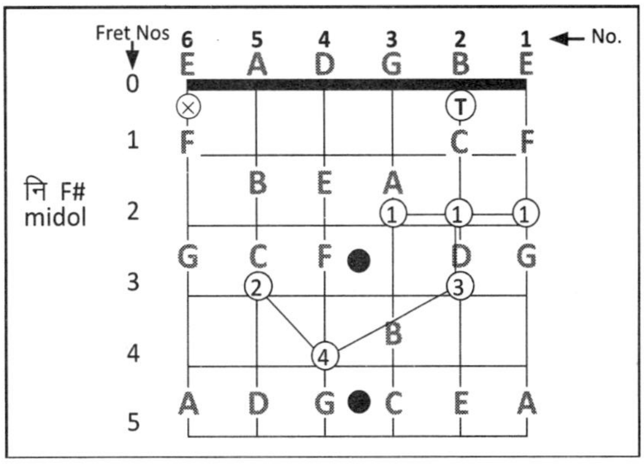

Note: ignore × and T on fret no. 0 in these series of chords

थाट खमाज G scale में सा, रे, ग, म, प, धा, नि और सां स्वर लगते हैं।

1	2	3	4	5	6	7	8	9	10	11	12	13
सा	रे	रे	ग	ग	म	मं	प	धा	धा	नि	नि	सां
G	A^b	A	B^b	B	C	D^b	D	E^b	E	F	$F^\#$	G
सा		रे		ग	म		प		धा	नि		सां
GM		Am		$B^\pm$	CM		Dm		Em	F		G
1		3		5	6		8		10	11		13

तार न॰ 4 के फ्रैट न॰ 5 G note से थाट खमाज की सरगम के हर स्वर पर कोर्डस बनाने का अध्ययन करेंगे। G Major, A minor, B midol, C Major, D minor, E minor, F Major और G Major कोर्डस लगेंगे।

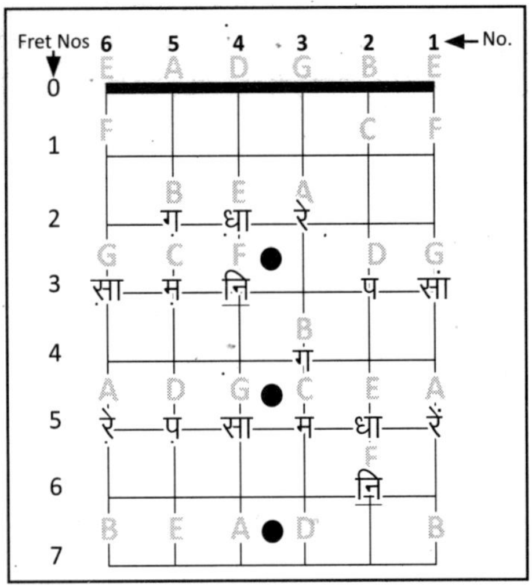

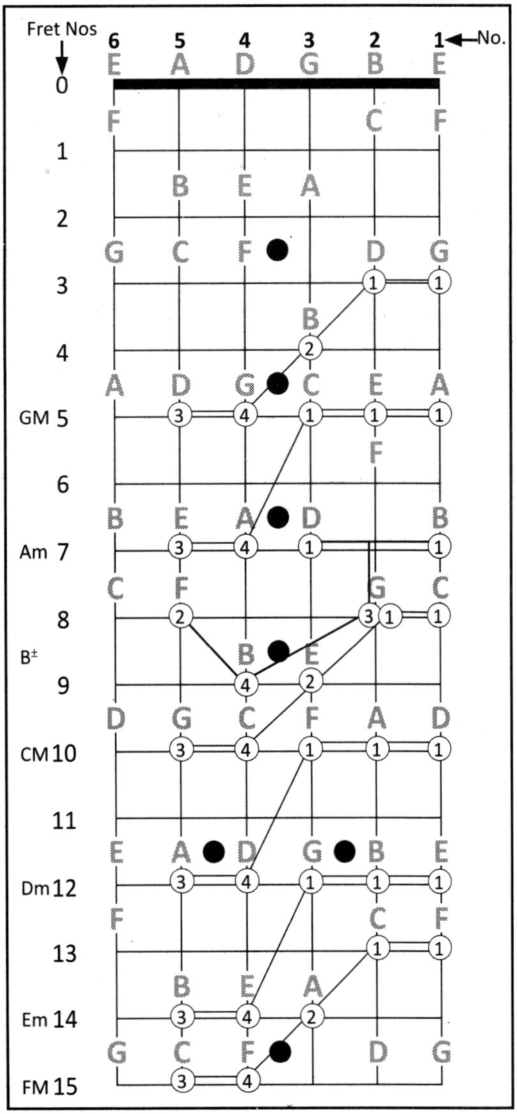

स्वर	तार न॰	फ्रैट न॰	उंगली न॰	स्वर	तार न॰	फ्रैट न॰	उंगली न॰
सा़, रे़	6	3, 5	2, 4	रे, ग, म	3	2, 4, 5	1, 3, 4
ग., म., प	5	2, 3, 5	1, 2, 4	प, धा, नि	2	3, 5, 6	1, 3, 4
धा़, नि़, सा	4	2, 3, 5	1, 2, 4	सां, रें	1	2, 3, 5	1, 2, 4

स्केल के सरगम के हर स्वर पर लगने वाले कोर्डस के लिये नीचे देखें।

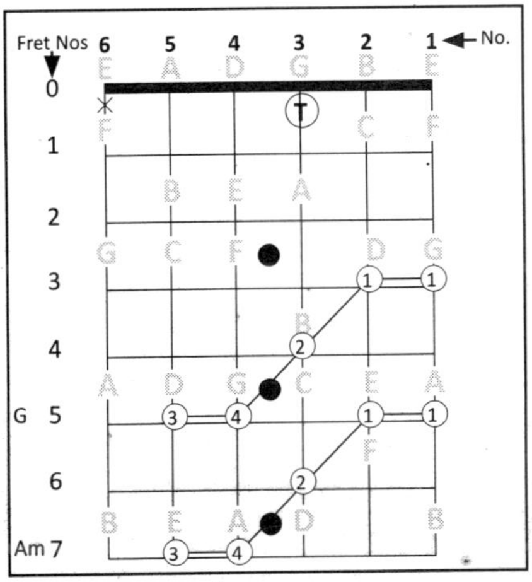

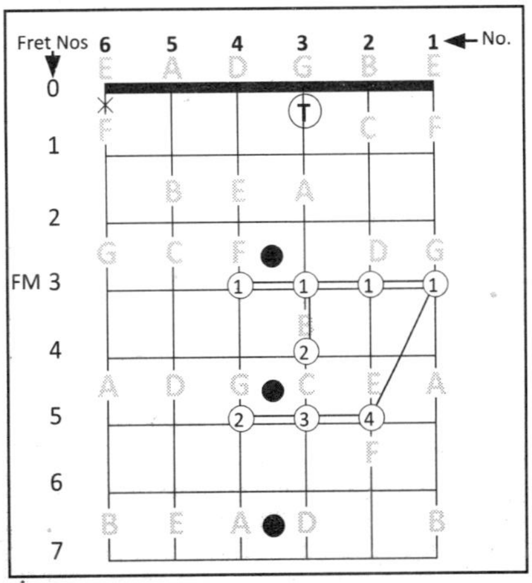

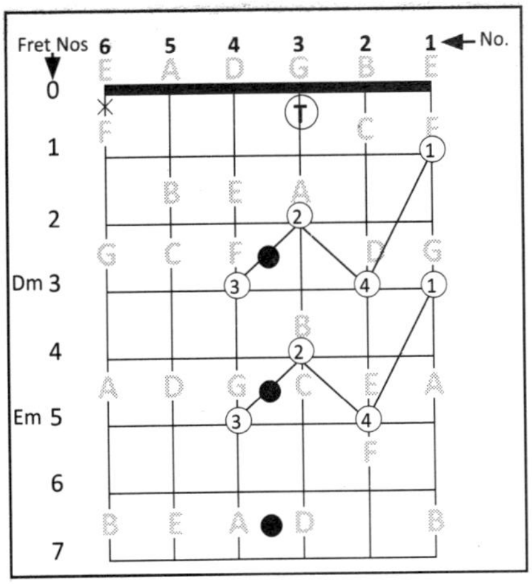

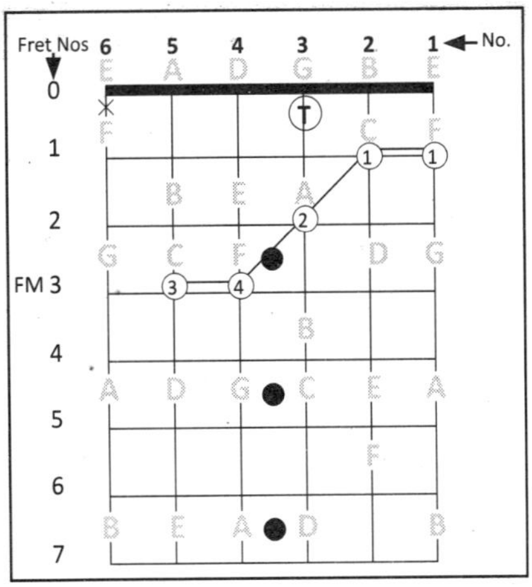

थाट यमन कल्याण G scale में सा, रे, ग, मं, प, धा, नि और सां स्वर लगते हैं।

1	2	3	4	5	6	7	8	9	10	11	12	13
सा	रे	रे	ग	ग	म	मं	प	धा	धा	नि	नि	सां
G	A^b	A	B^b	B	C	D^b	D	E^b	E	F	$F^\#$	G
सा		रे		ग		मं	प		धा		नि	सां
GM		AM		Bm		$C^{\#\pm}$	DM		Em		$F^\#m$	G
1		3		5		7	8		10		12	13

तार न॰ 4 के फ्रैट न॰ 5 G note से थाट यमन कल्याण की सरगम के हर स्वर पर कोर्डस बनाने का अध्ययन करेंगे। G Major, A Major, B minor, C# midol, D Major, E minor, F# minor और G Major कोर्डस लगेंगे।

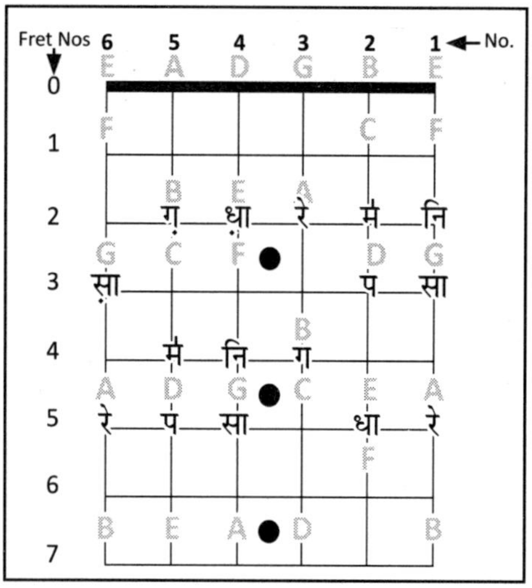

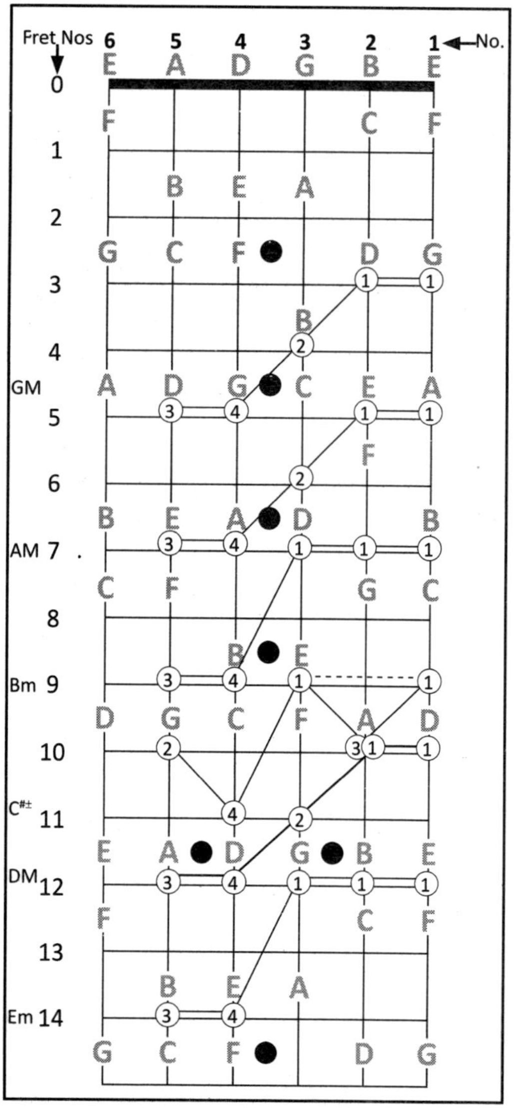

स्वर	तार न•	फ्रैट न•	उंगली न•	स्वर	तार न•	फ्रैट न•	उंगली न•
सा़, ऱे	6	3, 5	2, 4	रे, ग	3	2, 4	1, 3
ग., मं, प	5	2, 4, 5	1, 3, 4	मं, प, धा	2	2, 3, 5	1, 2, 4
ध़ा, ऩि, सा	4	2, 4, 5	1, 3, 4	नि, सां, रें	1	2, 3, 5	1, 2, 4

स्केल के सरगम के हर स्वर पर लगने वाले कोर्डस के लिये नीचे देखें।

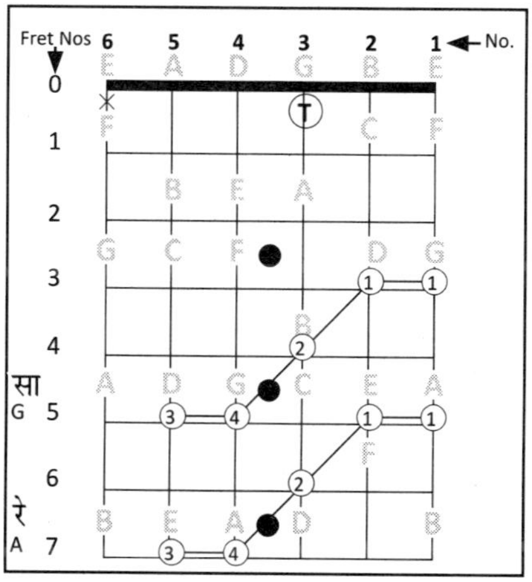

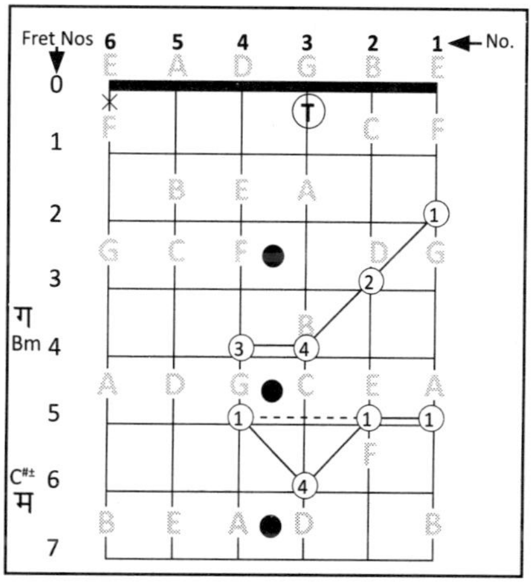

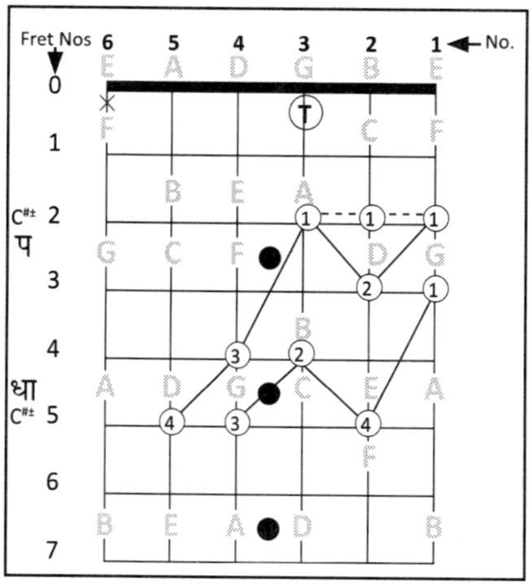

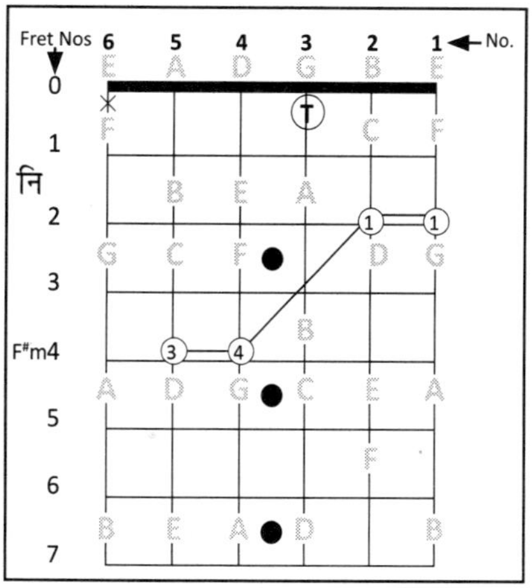

थाट काफी G scale में सा, रे, ग, म, प, धा, नि और सां स्वर लगते हैं।

1	2	3	4	5	6	7	8	9	10	11	12	13
सा	रे	रे	ग	ग	म	मं	प	धा	धा	नि	नि	सां
G	A^b	A	B^b	B	C	D^b	D	E^b	E	F	$F^\#$	G
सा		रे	ग		म		प		धा	नि		सां
GM		Am	B^bM		CM		Dm		$E^\pm$	FM		G
1		3	4		6		8		10	11		13

तार न॰ 4 के फ्रैट न॰ 5 G note से थाट काफी की सरगम के हर स्वर पर कोर्डस बनाने का अध्ययन करेंगे। G minor, A minor, B*b* Major, C Major, D minor, E midol, F Major और G minor कोर्डस लगेंगे।

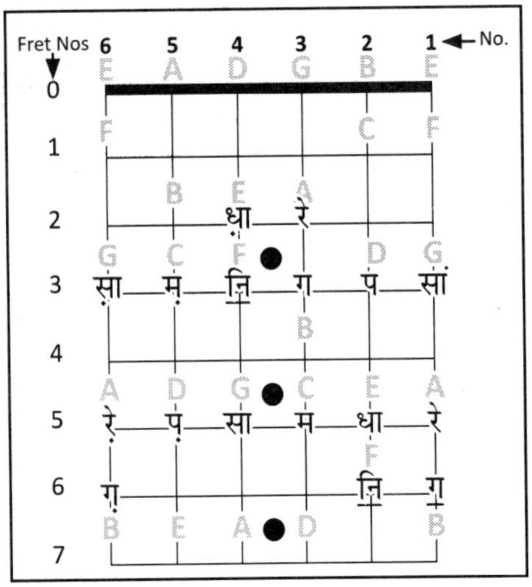

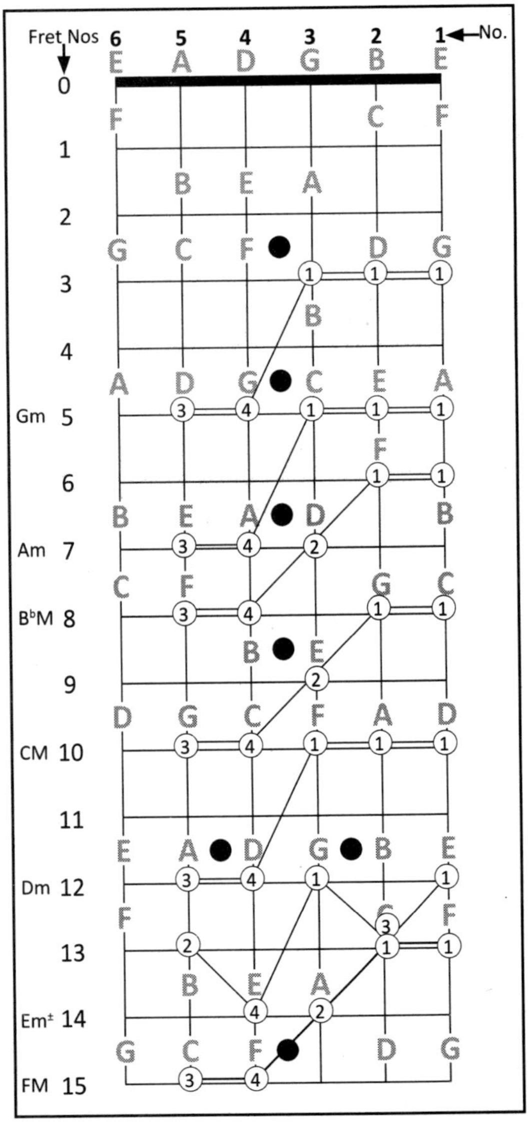

स्वर	तार न॰	फ्रैट न॰	उंगली न॰	स्वर	तार न॰	फ्रैट न॰	उंगली न॰
सा़, रे़, ग	6	3, 5, 6	1, 3, 4	रे, ग, म	3	2, 4, 5	1, 2, 4
म, प	5	2, 3, 5	1, 3	प, धा, नि	2	3, 5, 6	1, 3
धा़, नि़, सा	4	1, 2, 4	1, 2, 4	सां, रें, ग	1	3, 5, 6	1, 3, 4

स्केल के सरगम के हर स्वर पर लगने वाले कोर्डस के लिये नीचे देखें।

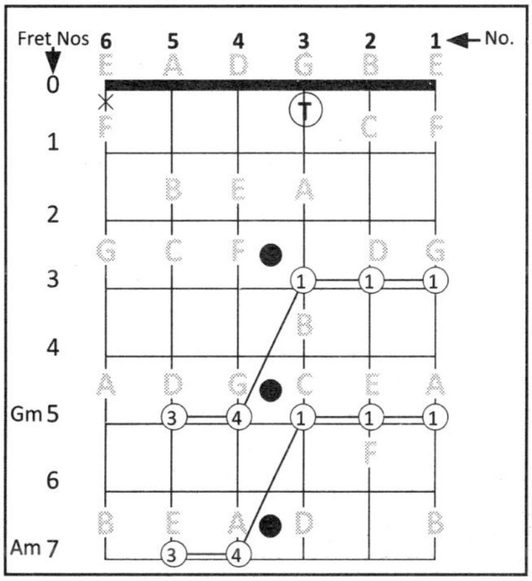

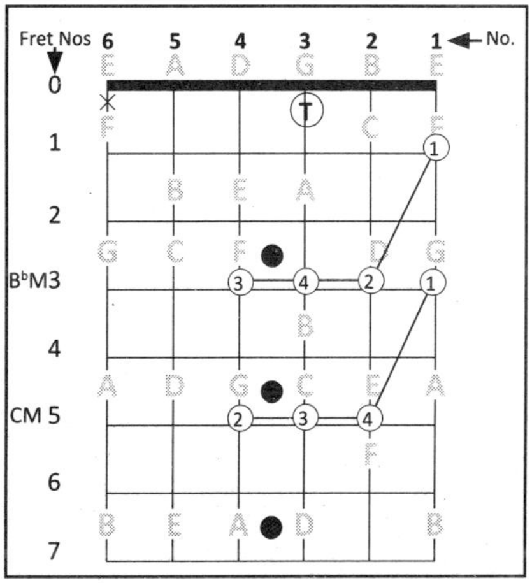

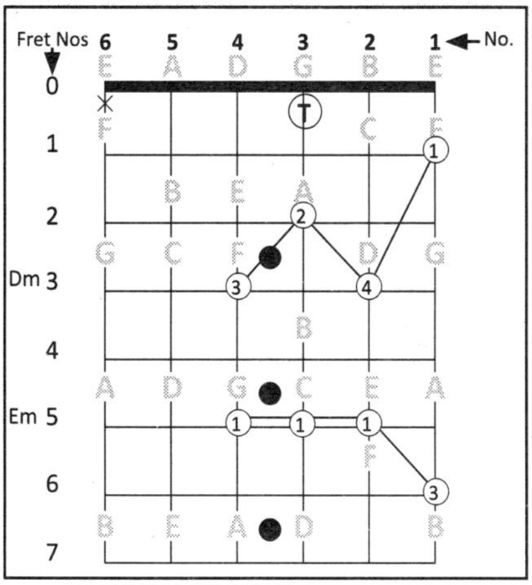

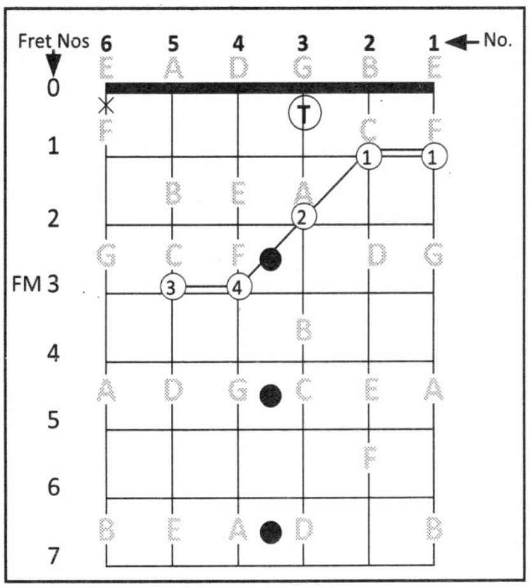

थाट असावरी G scale में सा, रे, ग॒, म, प, धा॒, नि॒ और सां स्वर लगते हैं।

1	2	3	4	5	6	7	8	9	10	11	12	13
सा	रे॒	रे	ग॒	ग	म	मं	प	ध॒	ध	नि॒	नि	सां
G	A^b	A	B^b	B	C	D^b	D	E^b	E	F	$F^\#$	G
सा		रे	ग॒		म		प	ध॒		नि॒		सां
Gm		$A^\pm$	B^bM		Cm		Dm	E^bM		FM		G
1		3	4		6		8	9		11		13

तार न• 4 के फ्रैट न• 5 G note से थाट असावरी की सरगम के हर स्वर पर कोर्डस बनाने का अध्ययन करेंगे। G minor, A midol, B^b Major, C minor, D minor, E^b Major, F Major और G minor कोर्डस लगेंगे।

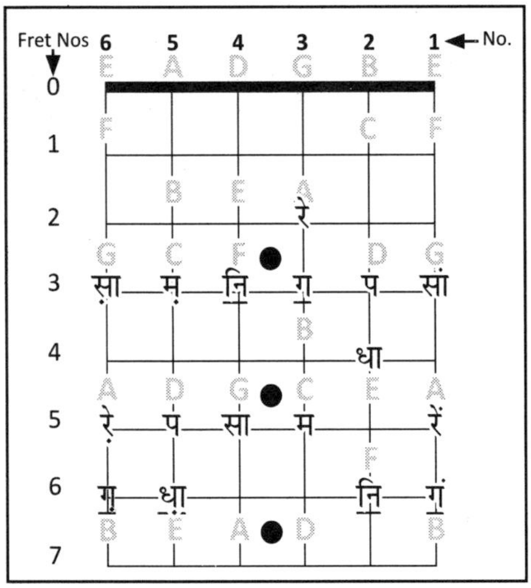

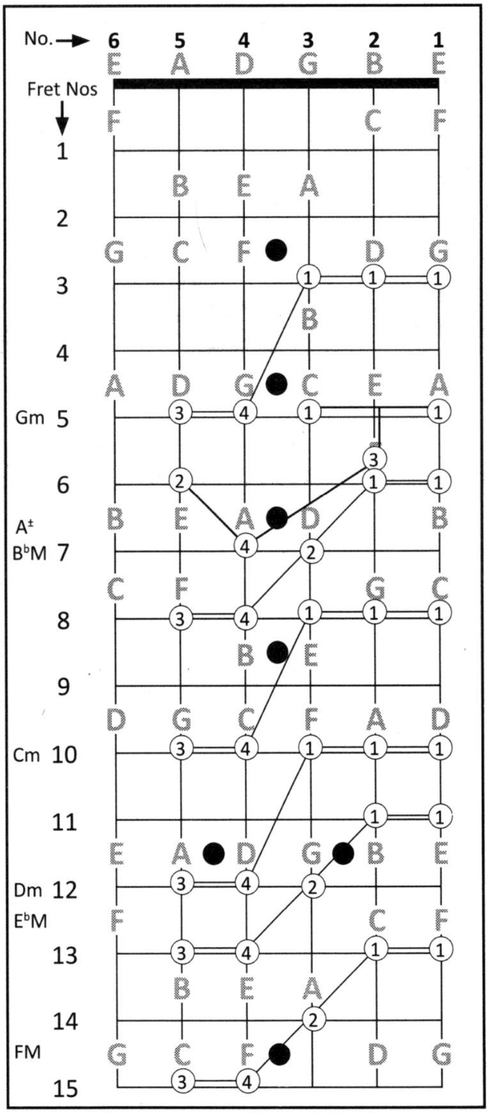

स्वर	तार न॰	फ्रैट न॰	उंगली न॰	स्वर	तार न॰	फ्रैट न॰	उंगली न॰
सा, रे, ग	6	3, 5, 6	1, 3, 4	रे, ग, म	3	2, 4, 5	1, 2, 4
म, प, धा	5	3, 5, 6	1, 3, 4	प, धा, नि	2	3, 4, 6	1, 2, 4
नि, सा	4	3, 5	1, 3	सां, रें	1	3, 5	1, 3

स्केल के सरगम के हर स्वर पर लगने वाले कोर्डस के लिये नीचे देखें।

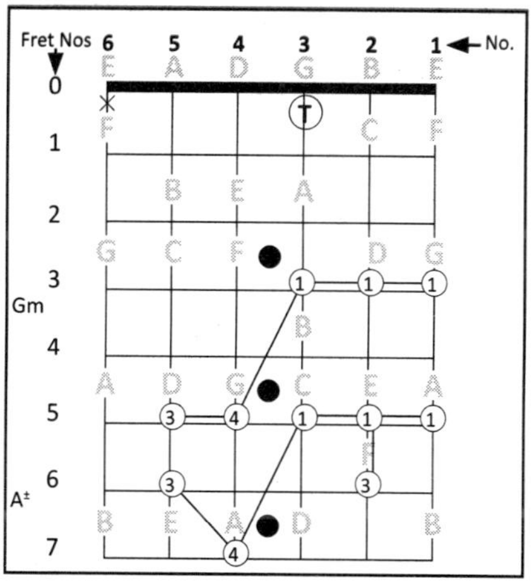

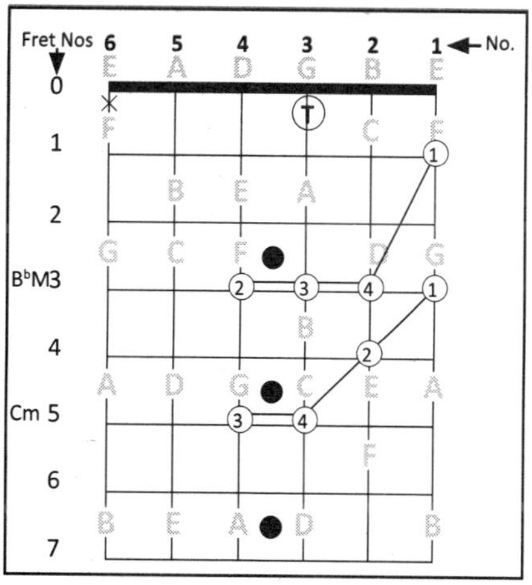

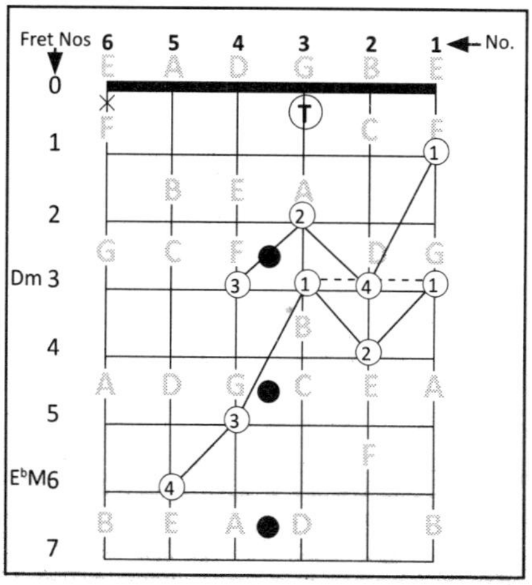

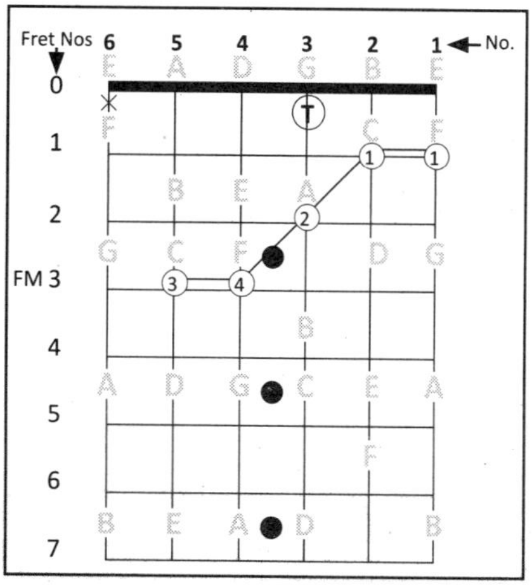

थाट भैरवी G scale में सा, रे, ग, म, प, धा, नि और सां स्वर लगते हैं।

1	2	3	4	5	6	7	8	9	10	11	12	13
सा	रे	रे	ग	ग	म	मं	प	धा	धा	नि	नि	सां
G	A^b	A	B^b	B	C	D^b	D	E^b	E	F	F#	G
सा	रे		ग		म		प	धा		नि		सां
Gm	A^bM		B^bM		Cm		D±	E^bM		Fm		G
1	2		4		6		8	9		11		13

तार न• 4 के फ्रैट न• 5 G note से थाट भैरवी की सरगम के हर स्वर पर कोर्डस बनाने का अध्ययन करेंगे। G minor, A^b Major, B^b Major, C minor, D midol, E^b Major, F minor, G minor और कोर्डस लगेंगे।

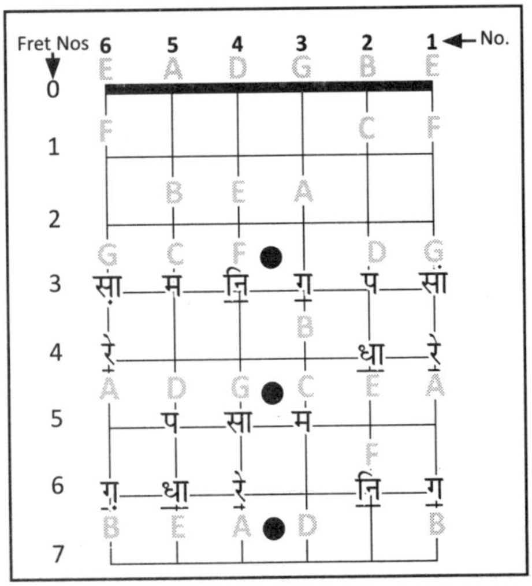

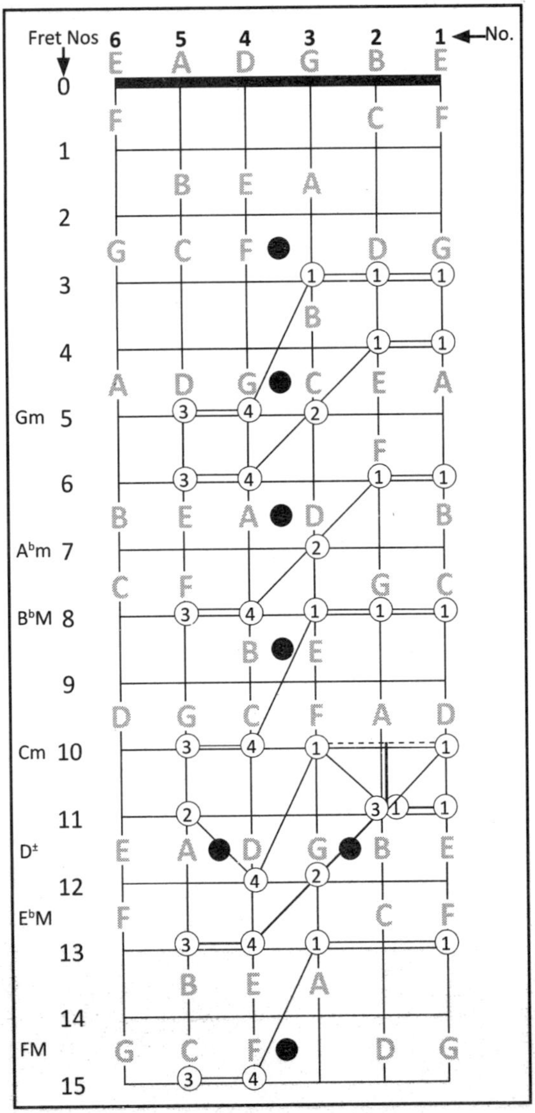

स्वर	तार न•	फ्रैट न•	उंगली न•	स्वर	तार न•	फ्रैट न•	उंगली न•
सा, रे, ग	6	3, 5, 6	1, 3, 4	ग, म	3	3, 5	1, 3, 4
म, प, धा	5	3, 5, 6	1, 3, 4	प, धा, नि	2	3, 4, 6	1, 2, 4
नि, सा, रे	4	3, 5, 6	1, 3, 4	सां, रें, गं	1	3, 5, 6	1, 2, 4

स्केल के सरगम के हर स्वर पर लगने वाले कोर्डस के लिये नीचे देखें।

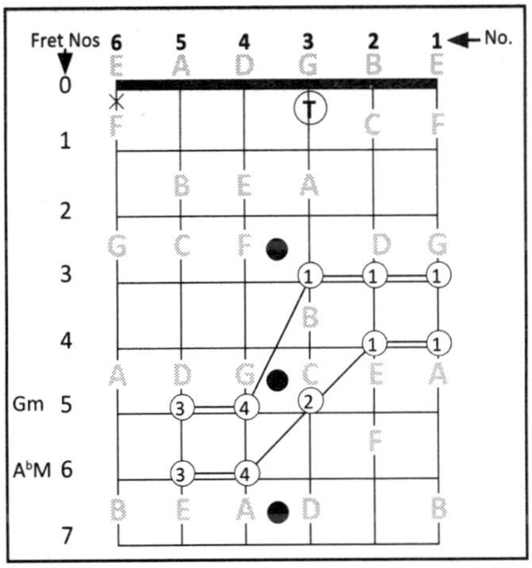

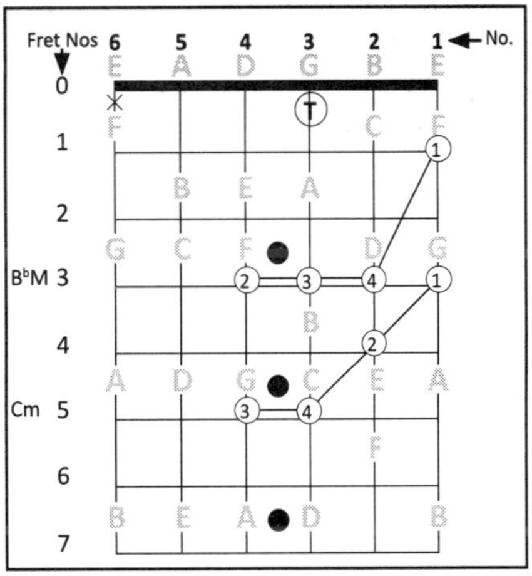

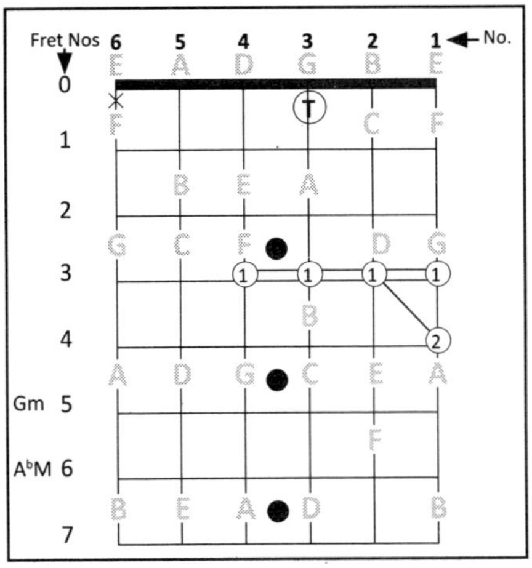

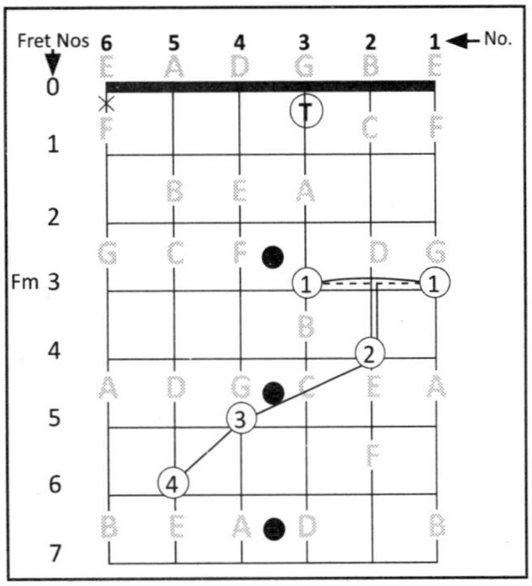

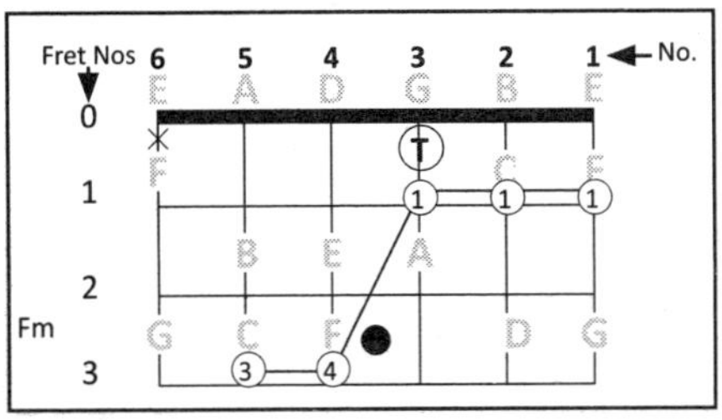

थाट बिलावल C scale में सा, रे, ग, म, प, धा, और नि सारे स्वर शुद्ध लगते हैं।

1	2	3	4	5	6	7	8	9	10	11	12	13
सा	रे̱	रे	ग̱	ग	म	मं	प	धा̱	धा	नि̱	नि	सां
C	D^b	D	E^b	E	F	$F^\#$	G	A^b	A	B^b	B	C
सा		रे		ग	म		प		धा		नि	सां
CM		Dm		Em	FM		GM		Am		$B^\pm$	CM
1		3		5	6		8		10		12	1

इन स्वरों को लेकर कोर्डस बनाने का अध्ययन करते हैं। C Major, D minor, E minor, F Major, G Major, A Minor, B midol chords लगेंगे।

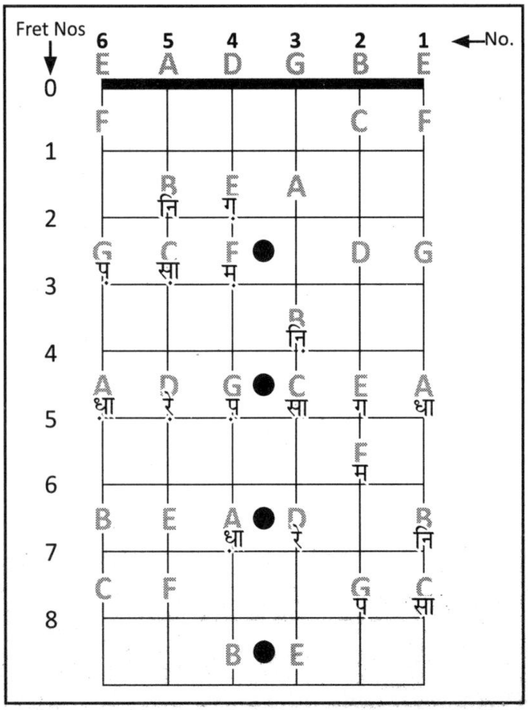

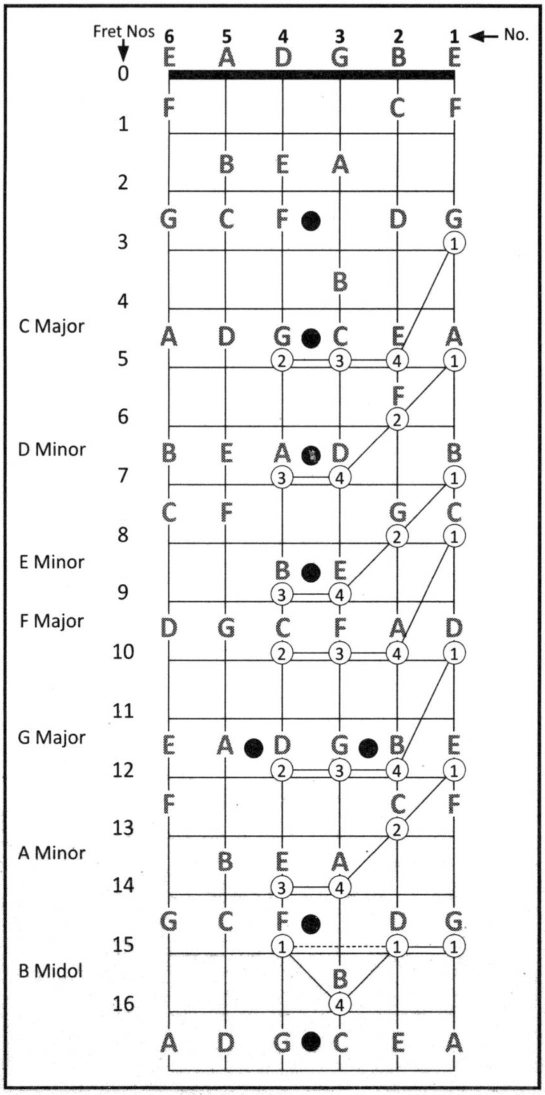

स्वर	तार न•	फ्रैट न•	उंगली न•	स्वर	तार न•	फ्रैट न•	उंगली न•
प़, ध़ा,	6	3, 5	2, 4	धा, नि, सा	3	2, 4, 5	1, 3, 4
नि़, सा, रे	5	2, 3, 5	1, 2, 4	रे, ग, म	2	3, 5, 6	1, 3, 4
ग, म, प	4	2, 3, 5	1, 3, 4	प, धा	1	3, 5	1, 3

C स्केल उसी सा से दूसरा रास्ता।

स्वर	तार न•	फ्रैट न•	उंगली न•	स्वर	तार न•	फ्रैट न•	उंगली न•
प़, ध़ा,	4	5, 7	2, 4	ग, म, प	2	5, 6, 8	1, 2, 4
नि़, सा, रे	3	4, 5, 7	1, 3	धा, नि, सा	1	5, 7, 8	1, 3, 4

स्केल के सरगम के हर स्वर पर लगने वाले कोर्डस के लिये नीचे देखें।

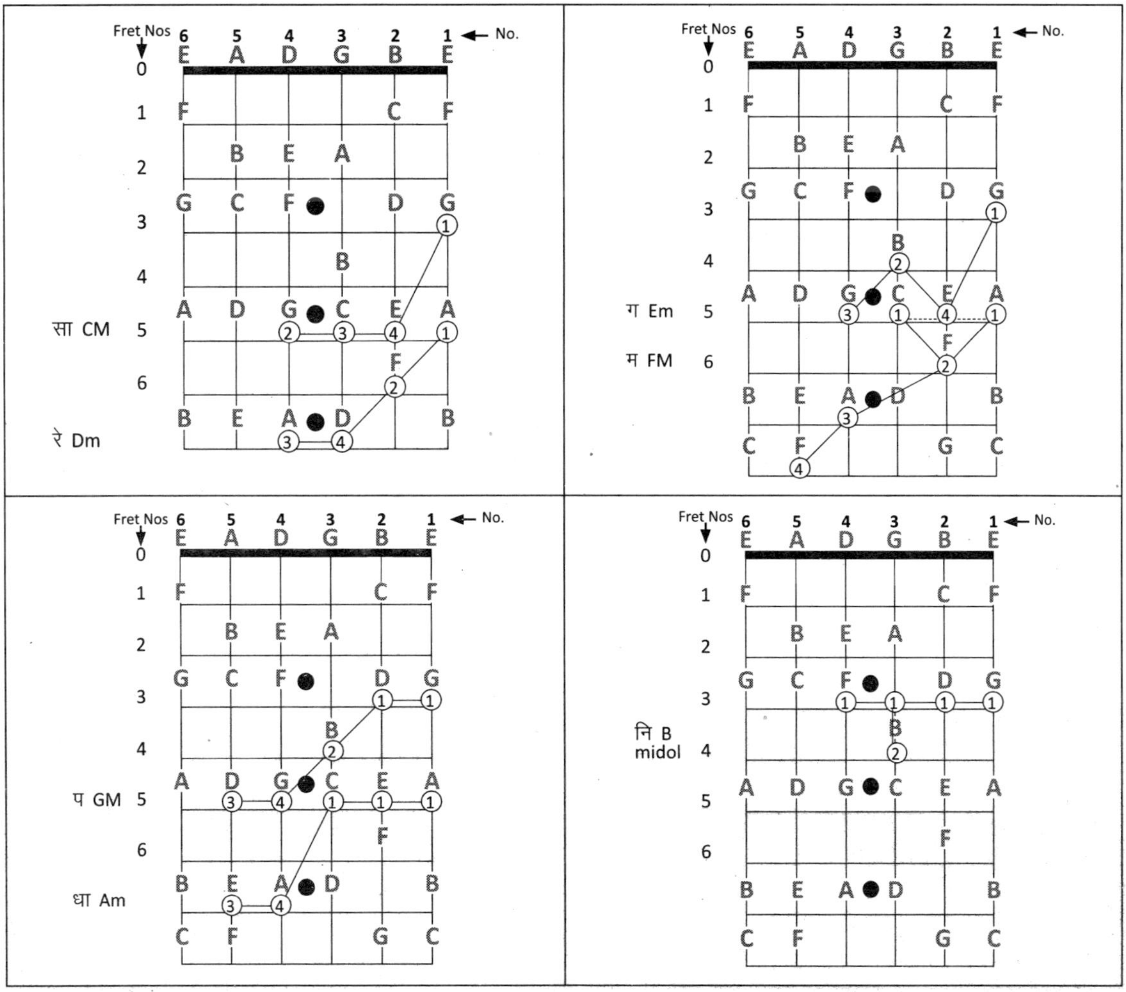

थाट खमाज C scale मे सा, रे, ग, म, प, धा और कोमल नि, स्वर लगते हैं।

1	2	3	4	5	6	7	8	9	10	11	12	13
सा	रे	रे	ग	ग	म	मं	प	धा	धा	नि	नि	सां
C	D^b	D	E^b	E	F	$F^\#$	G	F^b	A	B^b	B	C
सा		रे		ग	म		प		धा	नि		सां
CM		Dm		$E^\pm$	FM		Gm		Am	B^bM		CM
1		3		5	6		8		10	11		1

इन स्वरों को लेकर कोर्डस बनाने का अध्ययन करते हैं। C Major, D minor, E midol, F Major, G minor, A Minor, B^b Major Chords लगेंगे।

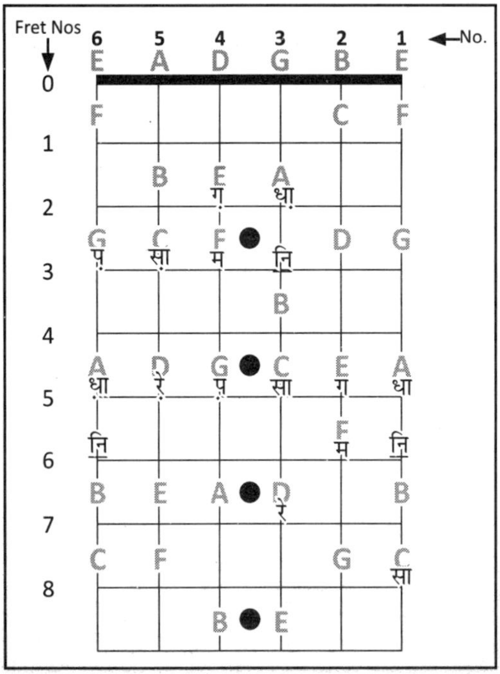

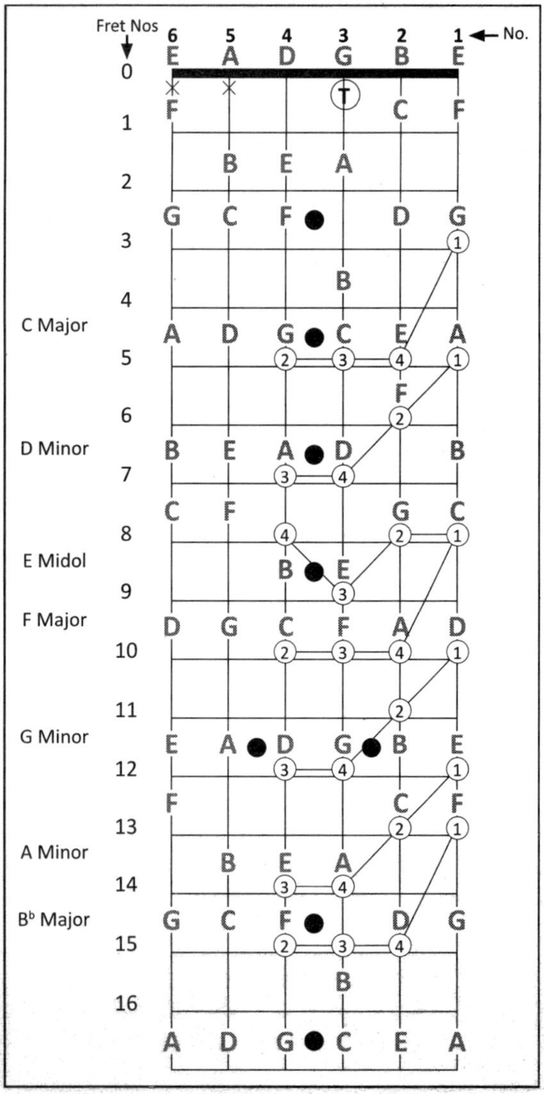

स्वर	तार न॰	फ्रैट न॰	उंगली न॰	स्वर	तार न॰	फ्रैट न॰	उंगली न॰
प़, ध़ा, नि़	6	3, 5, 6	1, 3, 4	धा, नि, सा	3	2, 4, 5	1, 3, 4
सा, रे, ग	5	3, 5, 6	1, 3	रे, ग, म	2	3, 5, 6	1, 3, 4
म, प	4	2, 3, 5	1, 2, 4	प, धा	1	3, 5	1, 3

स्केल के सरगम के हर स्वर पर लगने वाले कोर्डस के लिये नीचे देखें।

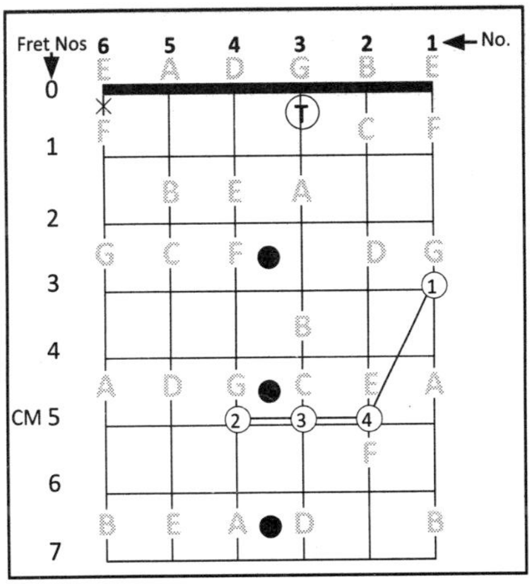

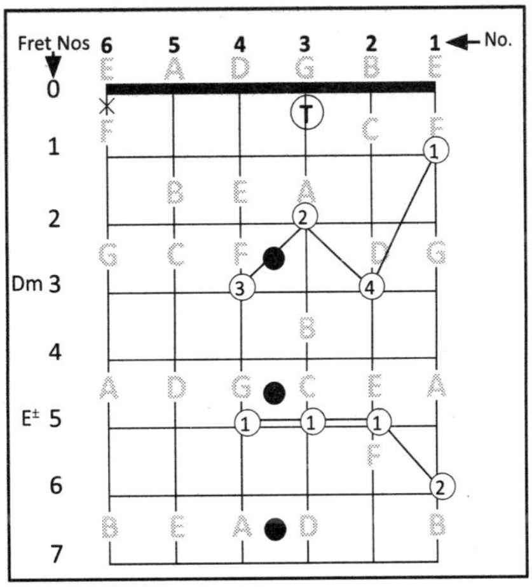

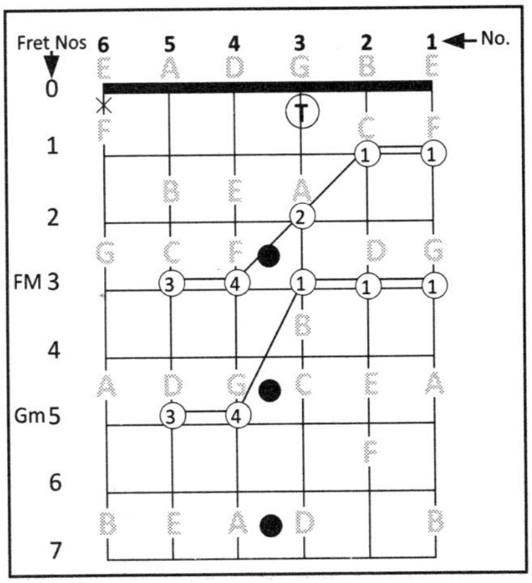

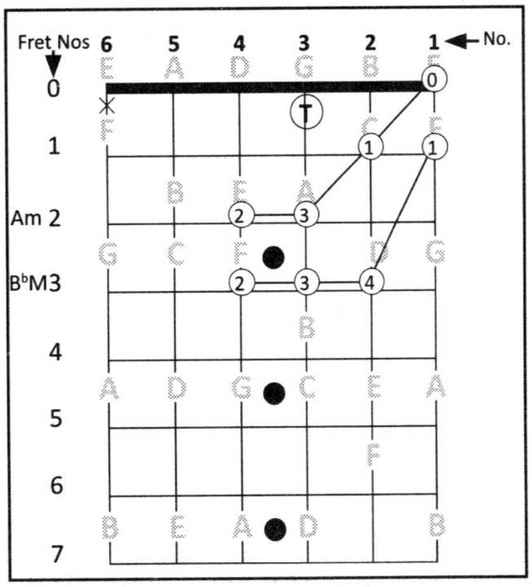

थाट यमन कल्याण C scale में सा, रे, ग, तीव्र मं, प, धा, और नि, स्वर लगते हैं।

1	2	3	4	5	6	7	8	9	10	11	12	13
सा	<u>रे</u>	रे	<u>ग</u>	ग	म	मं	प	<u>धा</u>	धा	<u>नि</u>	नि	सां
C	D^b	D	E^b	E	F	$F^{\#}$	G	A^b	A	B^b	B	C
सा		रे		ग		मं	प		धा		नि	सां
CM		DM		Em		$F^{\#\pm}$	GM		Am		Bm	CM
1		3		5		7	8		10		12	1

इसमें तीव्र मं के अतिरक्त सारे शुद्ध स्वर लगते हैं। इन स्वरों को लेकर कोर्डस बनाने का अध्ययन करते हैं। C Major, D Major E minor, $F^{\#}$ Midol, G Major, A minor, B minor chords लगेंगे।

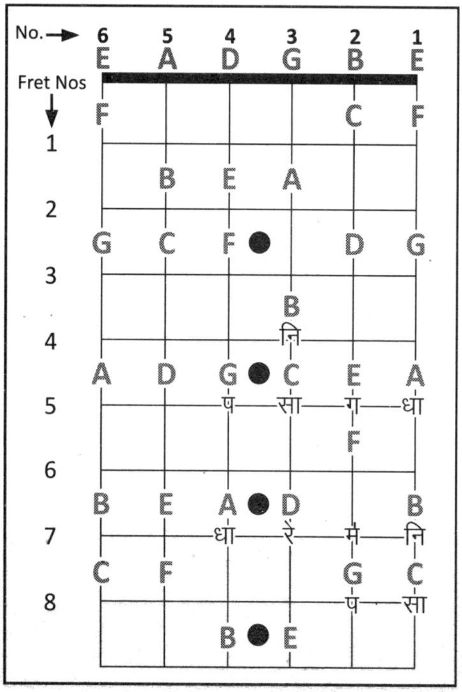

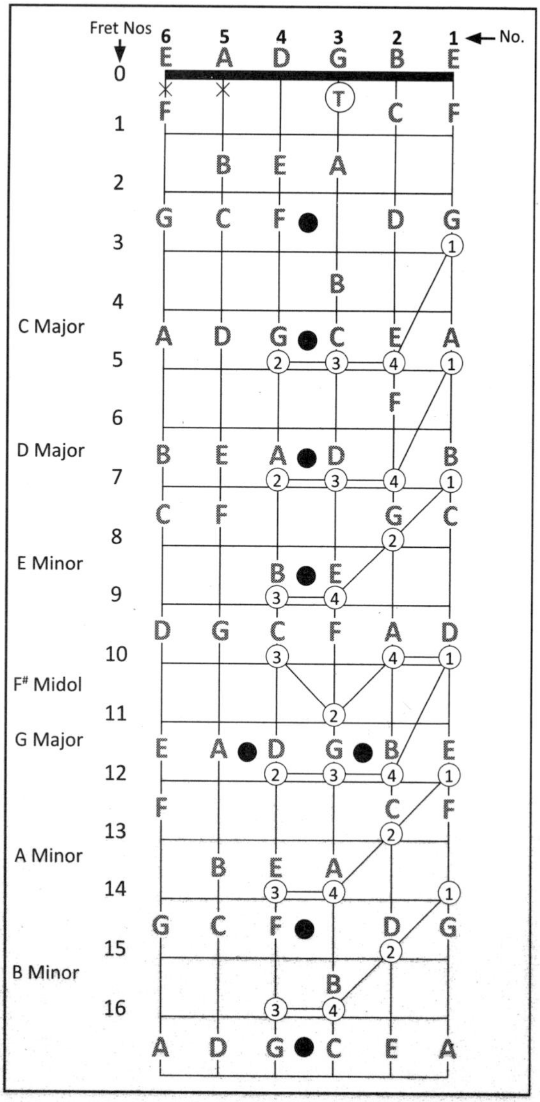

स्वर	तार न॰	फ्रैट न॰	उंगली न॰	स्वर	तार न॰	फ्रैट न॰	उंगली न॰
प़, ध़ा	6	3, 5	2, 4	धा, नि, सा	3	2, 4, 5	1, 3, 4
नि़, सा, रे	5	2, 3, 5	1, 2, 4	रे, ग, म	2	3, 5, 6	1, 3, 4
ग, म॑, प	4	2, 4, 5	1, 3, 4	प, धा	1	3, 5	1, 3

स्केल के सरगम के हर स्वर पर लगने वाले कोर्डस के लिये नीचे देखें।

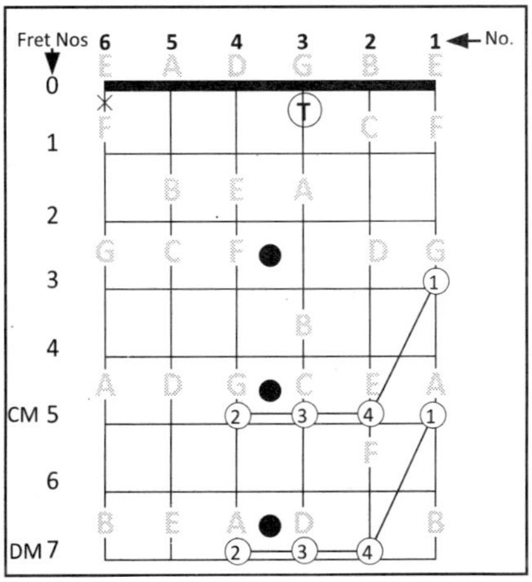

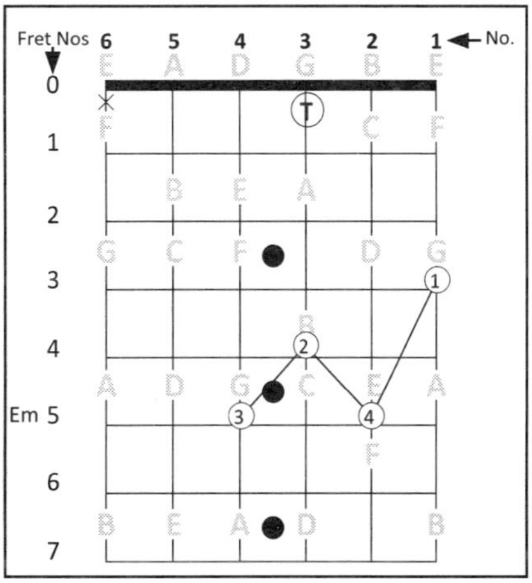

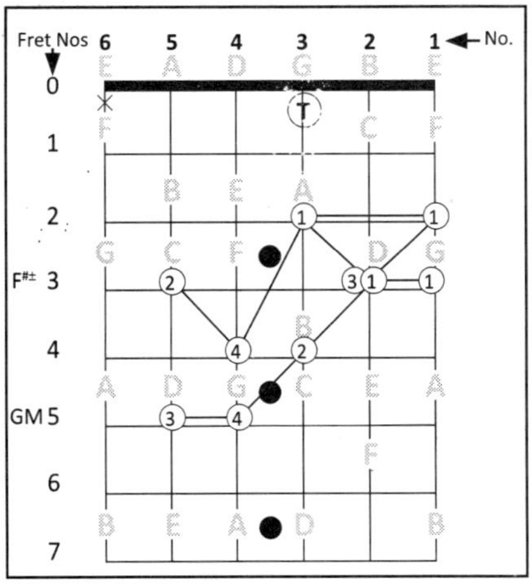

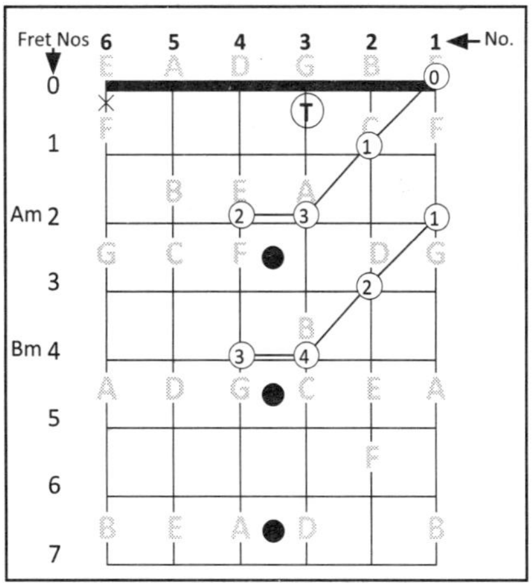

थाट काफी C scale में सा, रे, कोमल ग, म, प, धा, और कोमल नि स्वर लगते हैं।

1	2	3	4	5	6	7	8	9	10	11	12	13
सा	रे	रे	ग	ग	म	मं	प	धा	धा	नि	नि	सां
C	D^b	D	E^b	E	F	$F^\#$	G	A^b	A	B^b	B	C
सा		रे	ग		म		प		धा	नि		सां
Cm		Dm	E^bM		FM		Gm		$A^\pm$	B^bM		Cm
1		3	4		6		8		10	11		1

इसमें कोमल ग और कोमल नि के अतिरिक्त सारे शुद्ध स्वर लगते हैं। C minor, D minor, E^b Major, F Major, G minor, A midol, B^b Major chords लगेंगे।

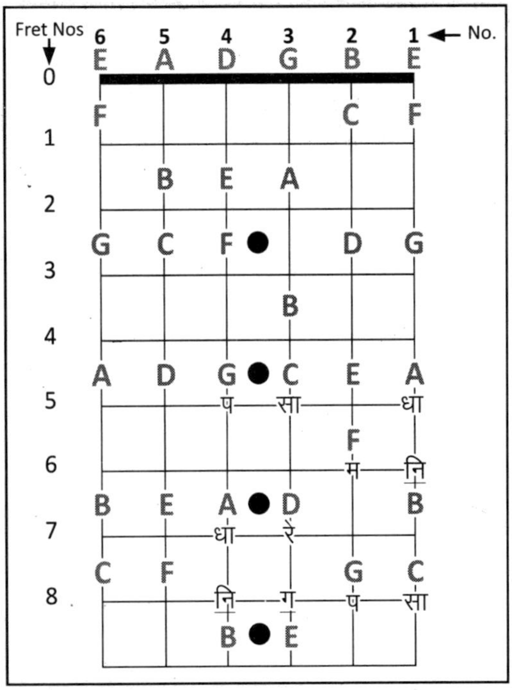

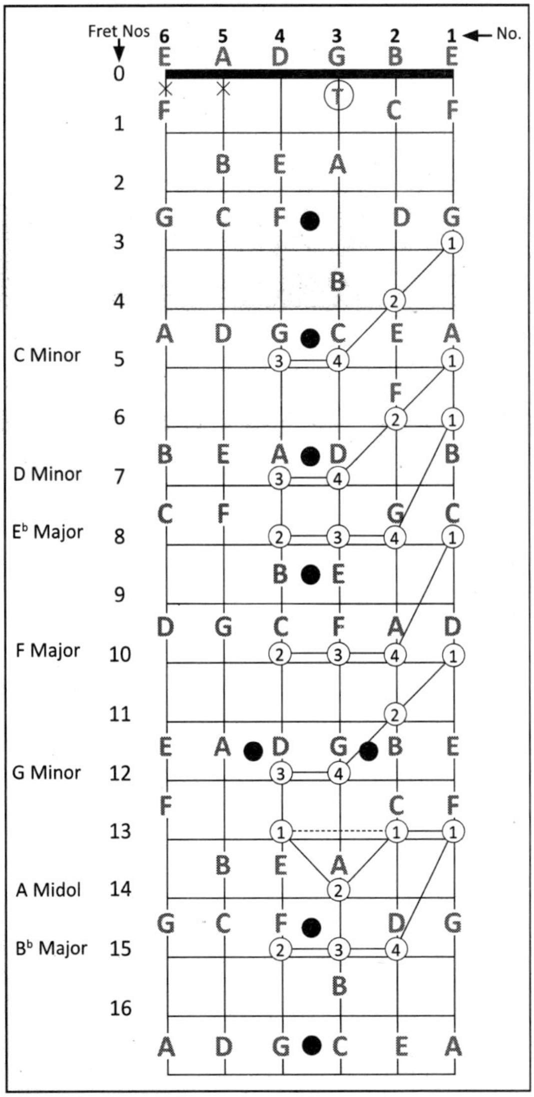

स्वर	तार न॰	फ्रैट न॰	उंगली न॰	स्वर	तार न॰	फ्रैट न॰	उंगली न॰
प़, ध़ा	6	3, 5	2, 4	धा, नि, सा	3	2, 4, 5	1, 3, 4
नि़, सा, रे	5	2, 3, 5	1, 2, 4	रे, ग, म	2	3, 5	1, 2, 4
ग, म, प	4	2, 4, 5	1, 2, 4	प, धा	1	3, 5, 6	1, 3, 4

स्केल के सरगम के हर स्वर पर लगने वाले कोर्डस के लिये नीचे देखें।

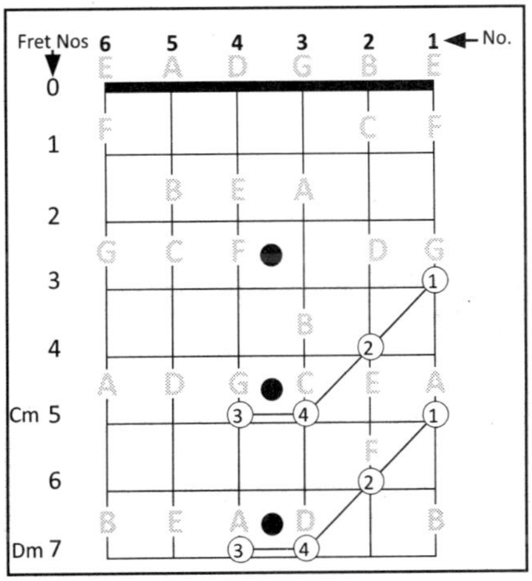

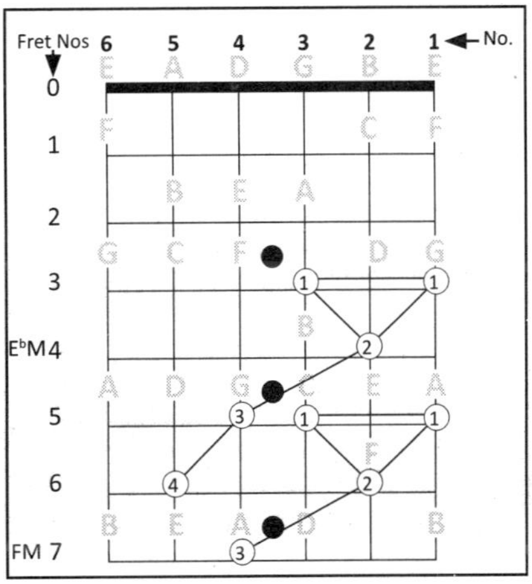

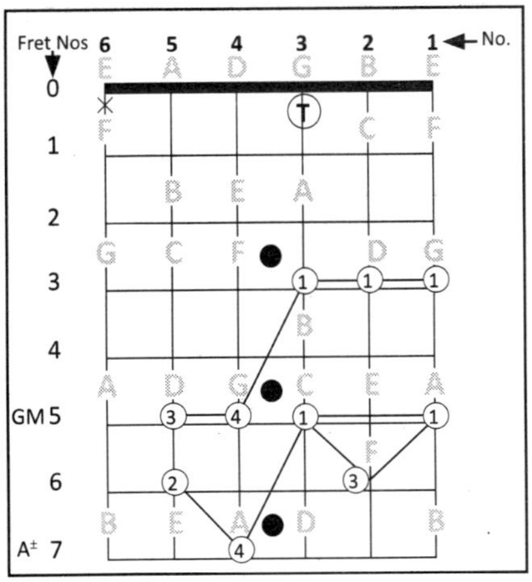

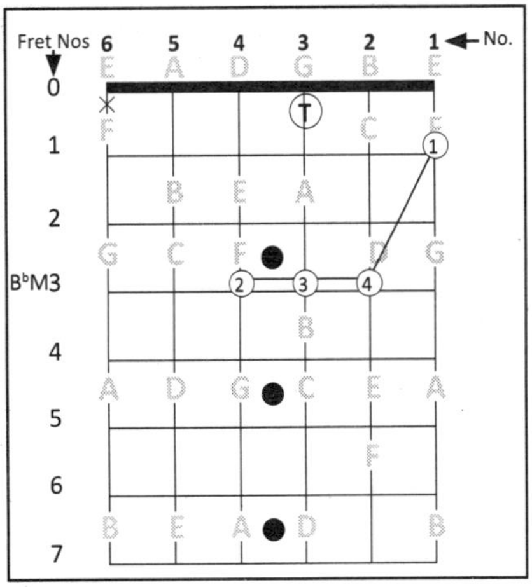

थाट असावरी C scale में सा, रे, कोमल ग, म, प, कोमल धा और कोमल नि स्वर लगते हैं।

1	2	3	4	5	6	7	8	9	10	11	12	13
सा	रे	रे	ग	ग	म	मं	प	धा	धा	नि	नि	सां
C	D^b	D	E^b	E	F	$F^\#$	G	A^b	A	B^b	B	C
सा		रे	ग		म		प	धा		नि		सां
Cm		$D^\pm$	E^bM		Fm		Gm	AM		B^bM		Cm
1		3	4		6		8	9		11		1

इन स्वरों को लेकर कोर्डस बनाने का अध्ययन करते हैं। C minor, D midol, E^b Major, F minor, G minor, A Major, B^b Major कोर्डस लगते हैं।

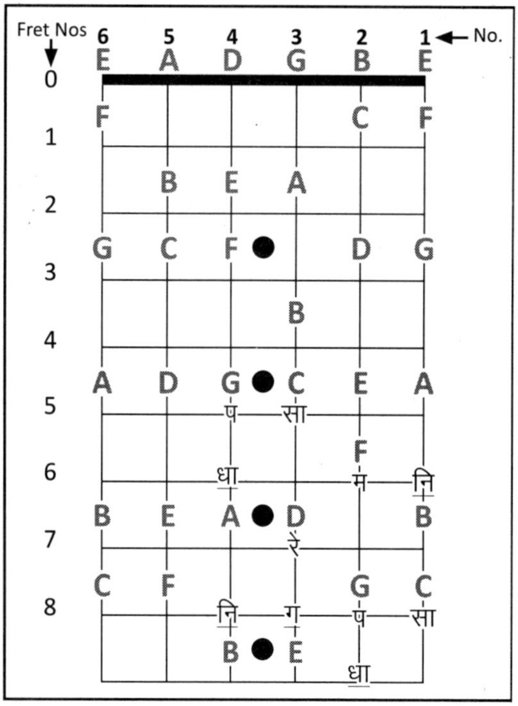

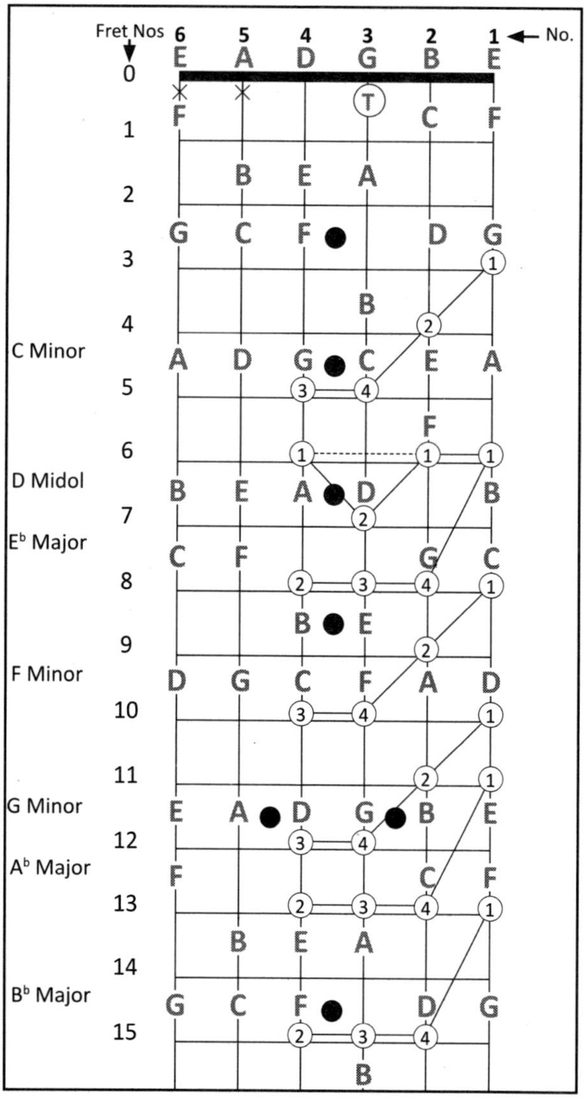

स्वर	तार न॰	फ्रैट न॰	उंगली न॰	स्वर	तार न॰	फ्रैट न॰	उंगली न॰
प़, धा	6	3, 5	2, 4	धा, नि, सा	3	2, 4, 5	1, 4, 5
नि़, सा, रे	5	2, 3, 5	1, 2, 4	रे, ग, म	2	3, 5	2, 4
ग, म, प	4	2, 4, 5	1, 3, 4	प, धा	1	2, 3, 5	1, 2, 4

स्केल के सरगम के हर स्वर पर लगने वाले कोर्डस के लिये नीचे देखें।

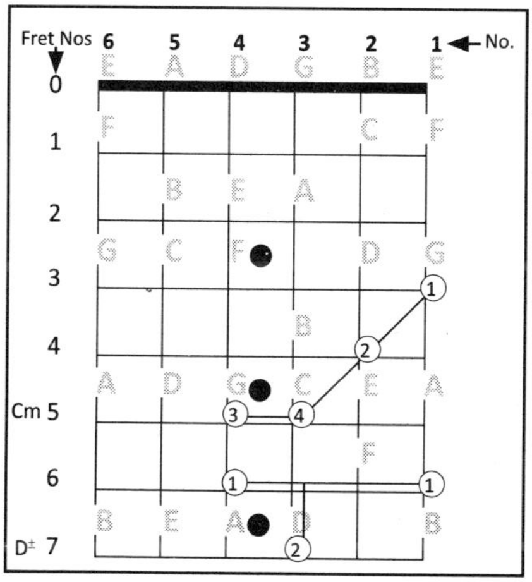

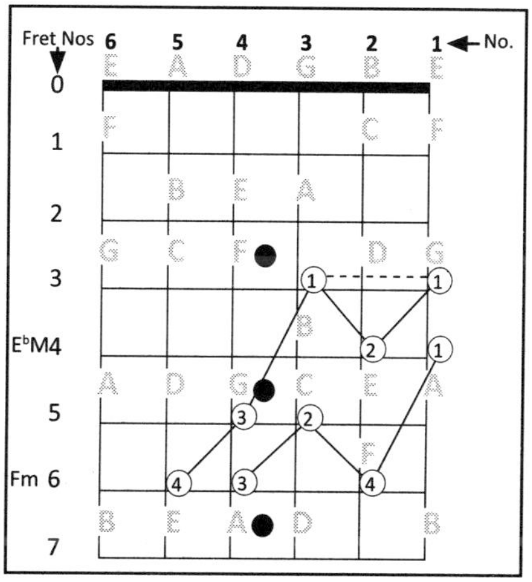

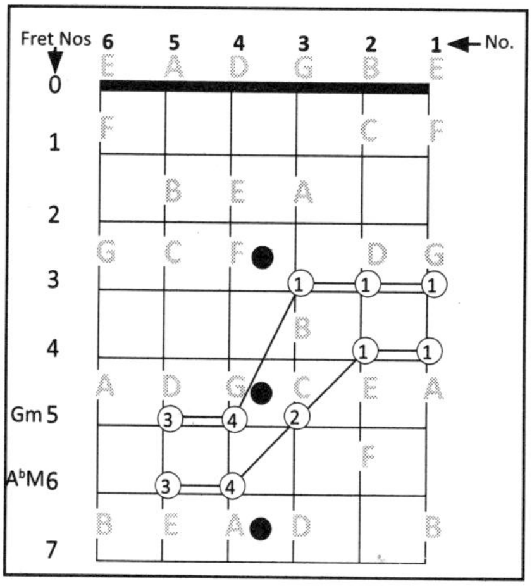

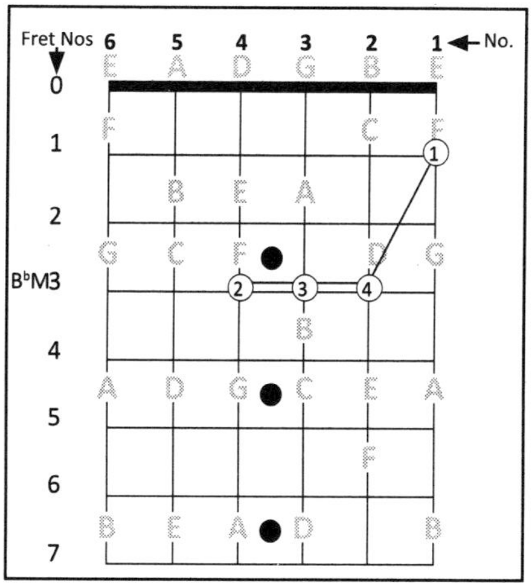

थाट भैरवी C scale में सा, म, प के अतिरिक्त रे, ग, धा और नि कोमल स्वर लगते हैं।

1	2	3	4	5	6	7	8	9	10	11	12	13
सा	रे	रे	ग	ग	म	मं	प	धा	धा	नि	नि	सां
C	D^b	D	E^b	E	F	$F^\#$	G	A^b	A	B^b	B	C
सा	रे		ग		म		प	धा		नि		सां
Cm	D^bM		E^bM		Fm		$G^\pm$	A^bM		B^bm		Cm
1	2		4		6		8	9		11		1

इन स्वरों को लेकर कोर्डस बनाने का अध्ययन करते हैं। C minor, D^b Major, E^b Major, F minor, G midol, A^b Major, B^b minor और C minor।

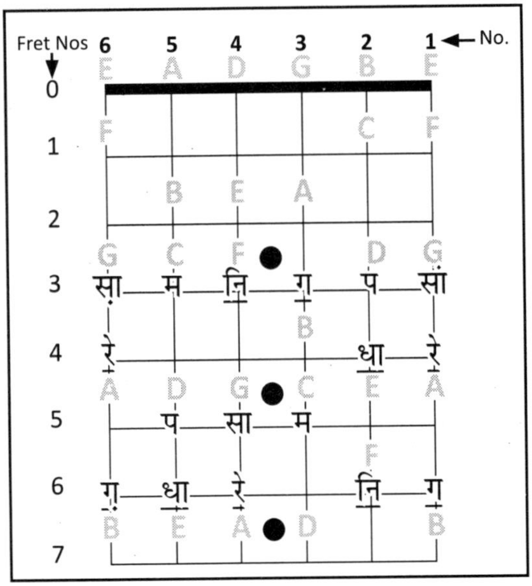

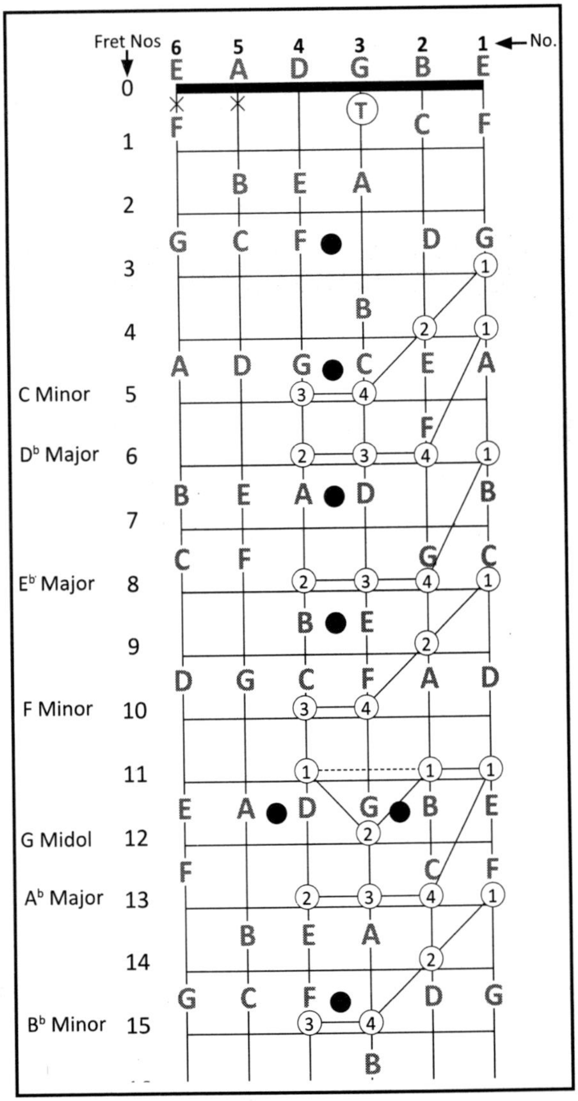

स्वर	तार न॰	फ्रैट न॰	उंगली न॰	स्वर	तार न॰	फ्रैट न॰	उंगली न॰
प़, धा	6	3, 5	2, 4	धा, नि, सा	3	2, 4, 5	1, 3, 4
नि़, सा, रे	5	2, 3, 5	1, 2, 4	रे, ग, म	2	3, 5, 6	1, 3, 4
ग, म, प	4	2, 3, 5	1, 2, 4	प, धा	1	3, 5	1, 3

स्केल के सरगम के हर स्वर पर लगने वाले कोर्डस के लिये नीचे देखें।

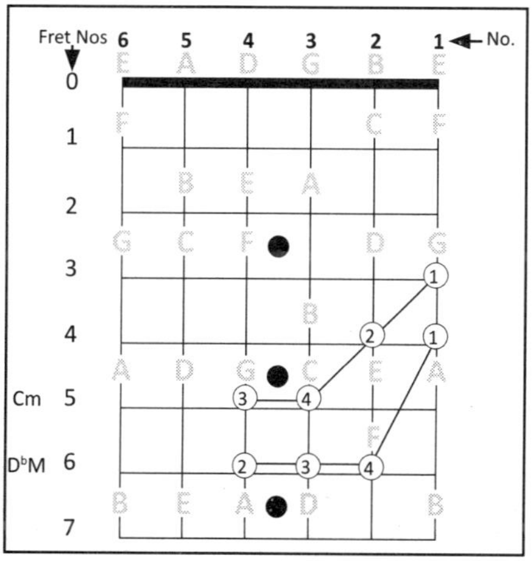

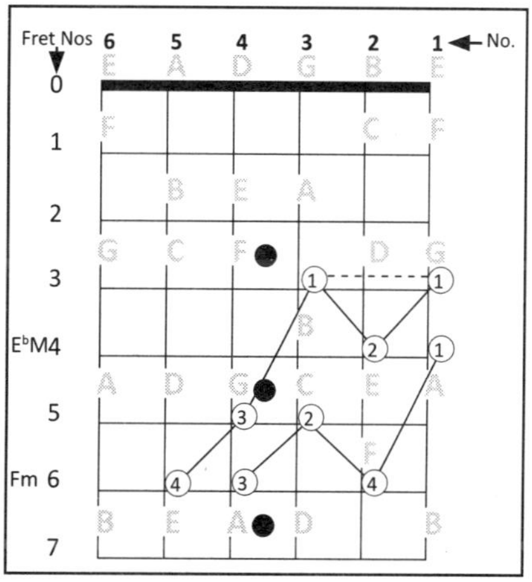

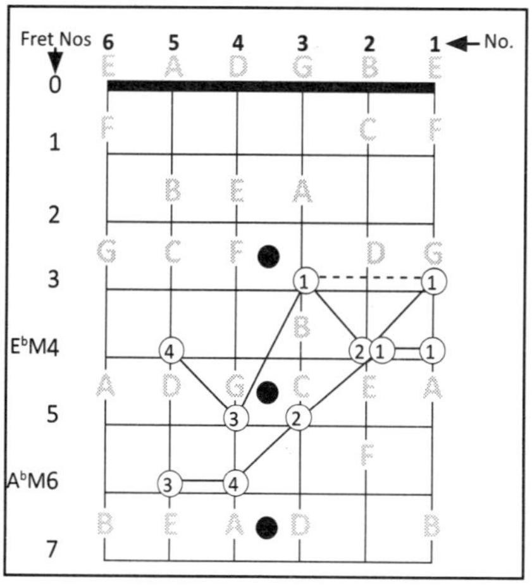

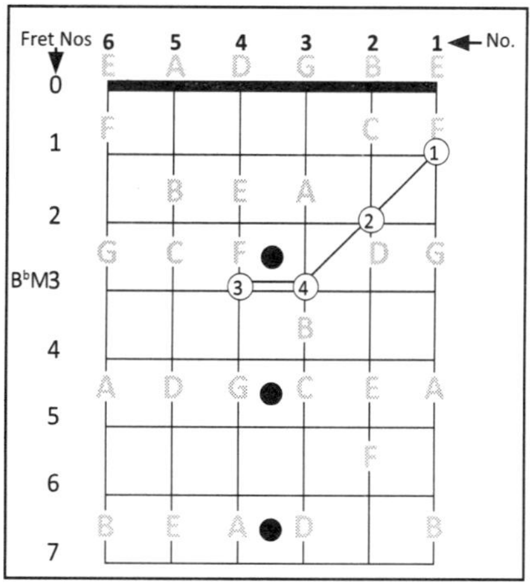

थाट बिलावल D scale में सा, रे, ग, म, प, धा, नि और सां स्वर लगते हैं।

1	2	3	4	5	6	7	8	9	10	11	12	13
सा	रे̱	रे	ग̱	ग	म	मं	प	धा̱	धा	नि̱	नि	सां
D	E^b	E	F	$F^\#$	G	$G^\#$	A	B^b	B	C	$C^\#$	D
सा		रे		ग	म		प		धा		नि	सां
DM		Em		$F^\#m$	GM		AM		Bm		$C^{\#\pm}$	DM
1		3		5	6		8		10		12	13

तार न॰ 5 के फ्रैट न॰ 5 D note से थाट बिलावल की सरगम के हर स्वर कोर्डस बनाने का अध्ययन करते हैं। D Major, E minor, $F^\#$ minor, G Major, A Major, B minor, $C^\#$ midol और D Major कोर्डस लगेंगे।

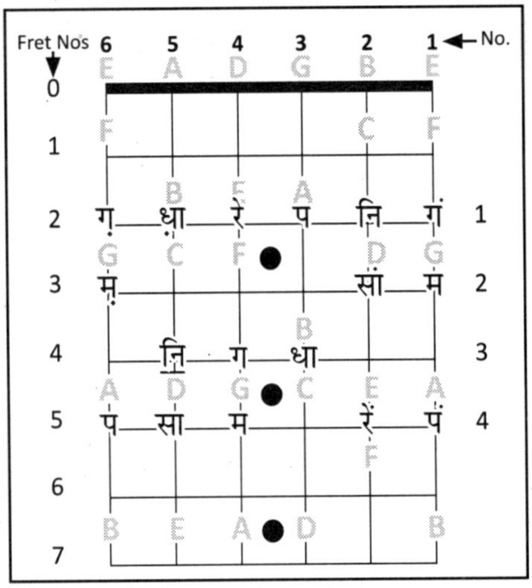

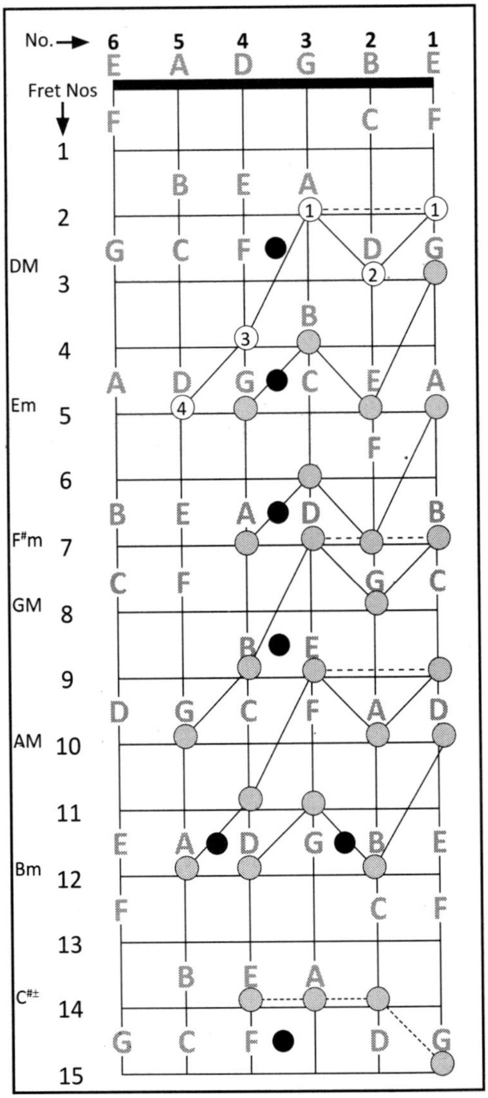

स्वर	तार न॰	फ्रैट न॰	उंगली न॰	स्वर	तार न॰	फ्रैट न॰	उंगली न॰
ग़, म, प़	6	2, 3, 5	1, 2, 4	प, धा	3	2, 4	1, 3
धा़, नि़, सा	5	2, 4, 5	1, 3, 4	नि, सा, रें	2	2, 3, 5	1, 2, 4
रे, ग, म	4	2, 4, 5	1, 3, 4	गं, मं, पं	1	2, 3, 5	1, 2, 4

D स्केल उसी सा से दूसरा रास्ता।

स्वर	तार न॰	फ्रैट न॰	उंगली न॰	स्वर	तार न॰	फ्रैट न॰	उंगली न॰
सा, रे	5	5, 7	2, 4	धा, नि, सा	3	4, 6, 7	1, 3, 4
ग, म, प	4	4, 5, 7	1, 2, 4				

स्केल के सरगम के हर स्वर पर लगने वाले कोर्डस के लिये नीचे देखें।

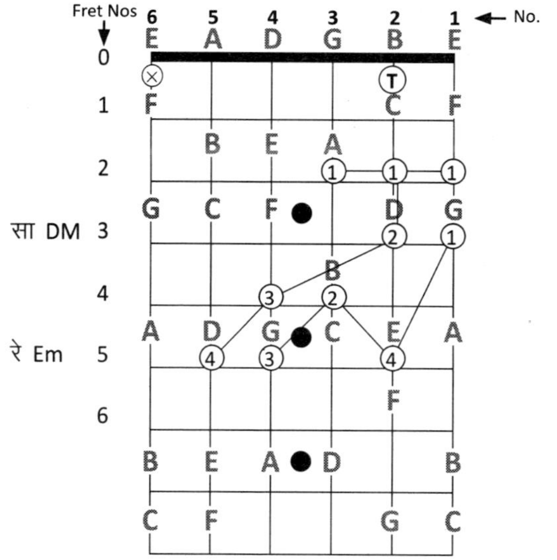

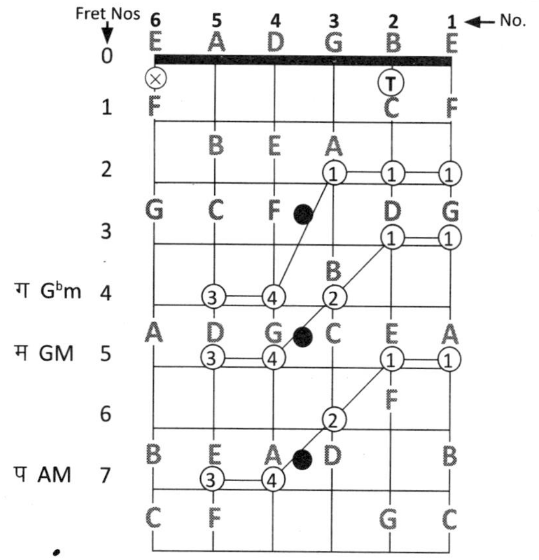

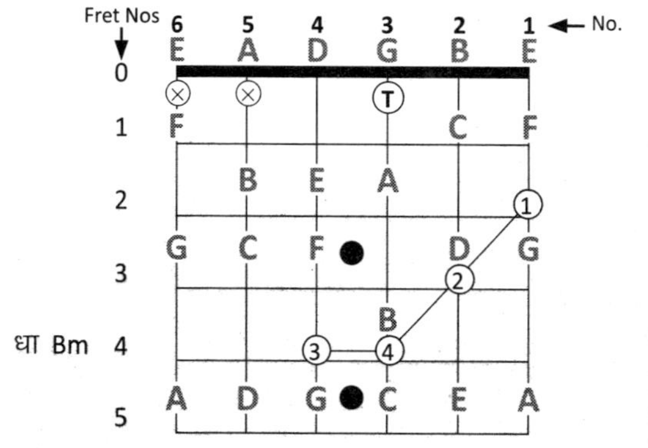

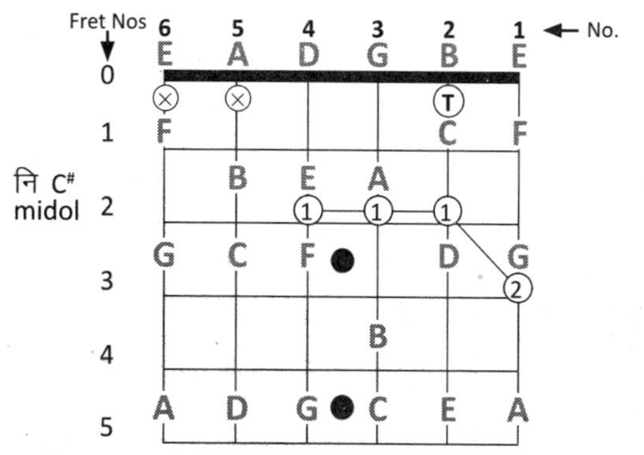

थाट खमाज D scale में सा, रे, ग, म, प, धा और नि॒ और स्वर लगते हैं।

1	2	3	4	5	6	7	8	9	10	11	12	13
सा	रे॒	रे	ग॒	ग	म	मं	प	धा॒	धा	नि॒	नि	सां
D	E^b	E	F	$F^{\#}$	G	$G^{\#}$	A	B^b	B	C	$C^{\#}$	D
सा		रे		ग	म		प		धा	नि॒		सां
DM		Em		$F^{\#\pm}$	GM		Am		Bm	CM		DM
1		3		5	6		8		10	11		13

D note से थाट खमाज की सरगम के हर स्वर पर कोर्ड बनाने का अध्ययन करेंगे। D Major, E minor, $F^{\#}$ midol, G Major, A minor, B minor, C Major और D Major कोर्डस लगेंगे।

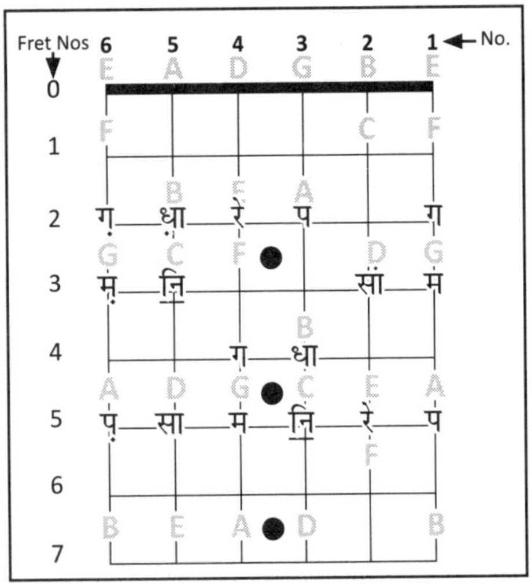

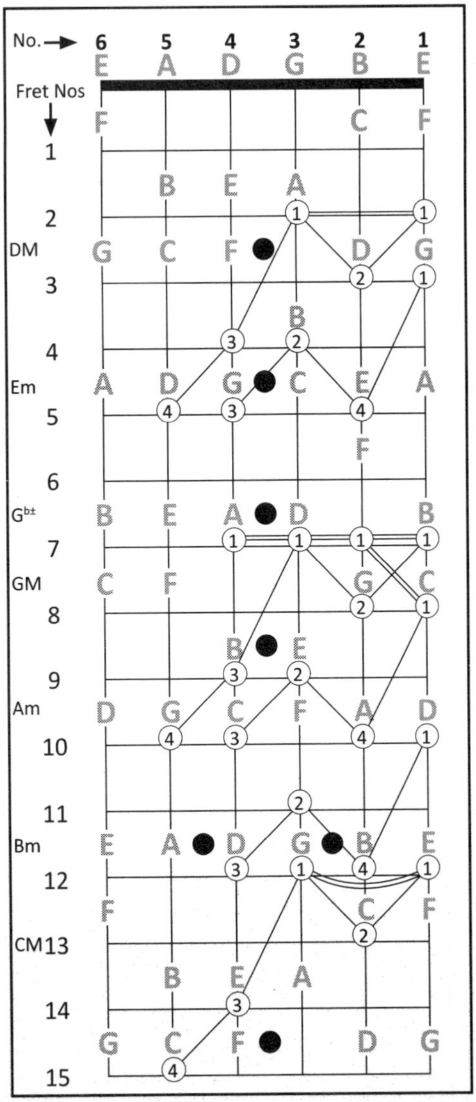

स्वर	तार न॰	फ्रैट न॰	उंगली न॰	स्वर	तार न॰	फ्रैट न॰	उंगली न॰
ग़, म, प़	6	3, 5	2, 4	प, धा	3	2, 4, 5	1, 4, 5
धा॒, नि॒, सा	5	2, 3, 5	1, 2, 4	नि॒, सां, रें	2	3, 5, 6	1, 3, 4
रे, ग, म	4	2, 3, 5	1, 3, 4	ग, म, प	1	1, 3	1, 2, 4

स्केल के सरगम के हर स्वर पर लगने वाले कोर्डस के लिये नीचे देखें।

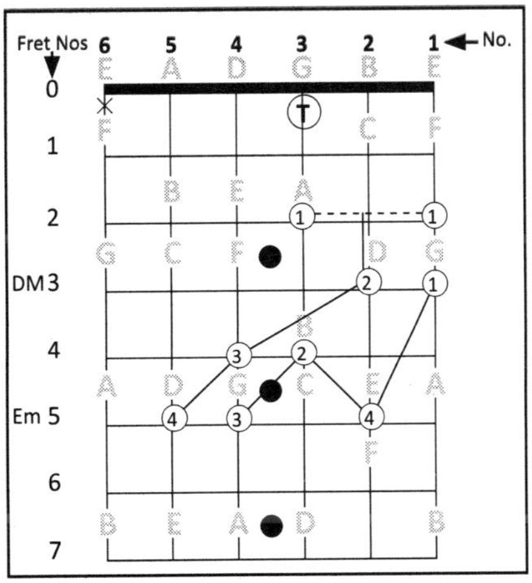

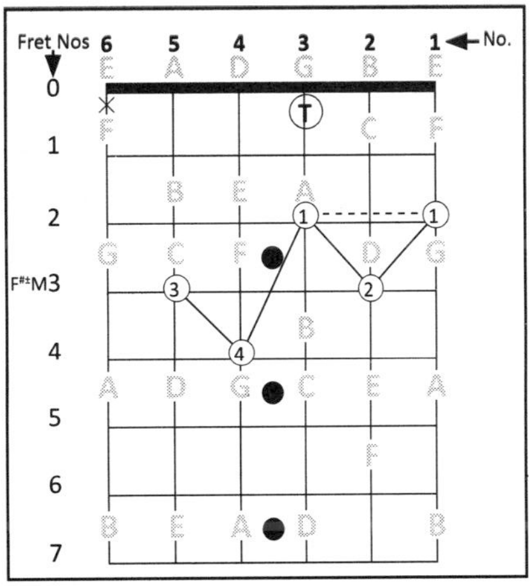

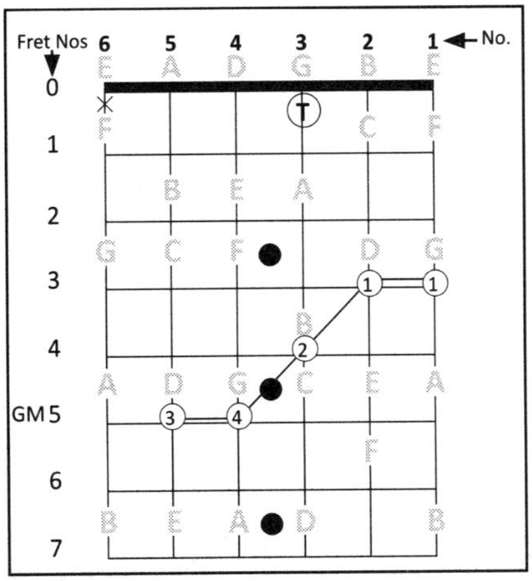

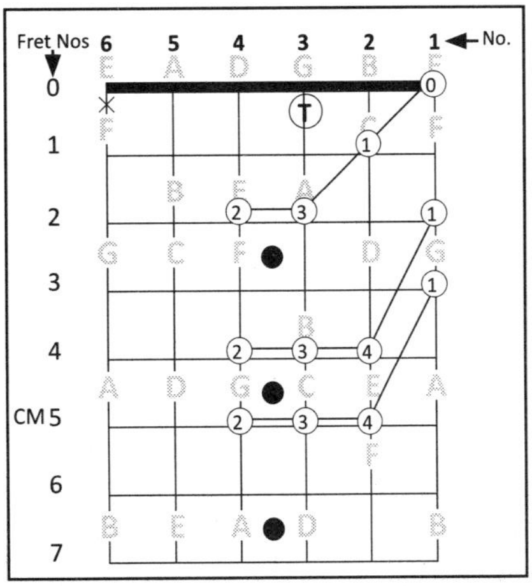

थाट यमन कल्याण D scale में सा, रे, ग, मं, प, धा और नि स्वर लगते हैं।

1	2	3	4	5	6	7	8	9	10	11	12	13
सा	रे	रे	ग	ग	म	मं	प	धा	धा	नि	नि	सां
D	E^b	E	F	$F^\#$	G	$G^\#$	A	B^b	B	C	$C^\#$	D
सा		रे		ग		मं	प		धा		नि	सां
DM		EM		$F^\#m$		$G^{\#\pm}$	Am		Bm		$C^\#m$	DM
1		3		5		7	8		10		12	13

D note से थाट यमन कल्याण की सरगम के हर स्वर पर कोर्ड बनाने का अध्ययन करेंगे। D Major, E Major, $F^\#$ minor, $G^{\#\pm}$ midol, A minor, B minor, $C^\#$ minor और D Major कोर्डस लगेंगे।

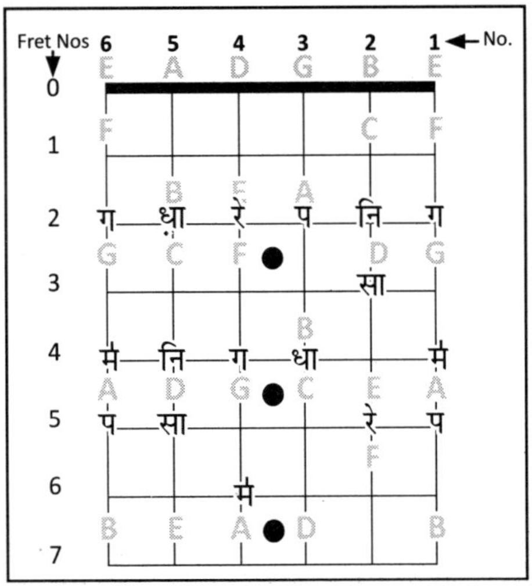

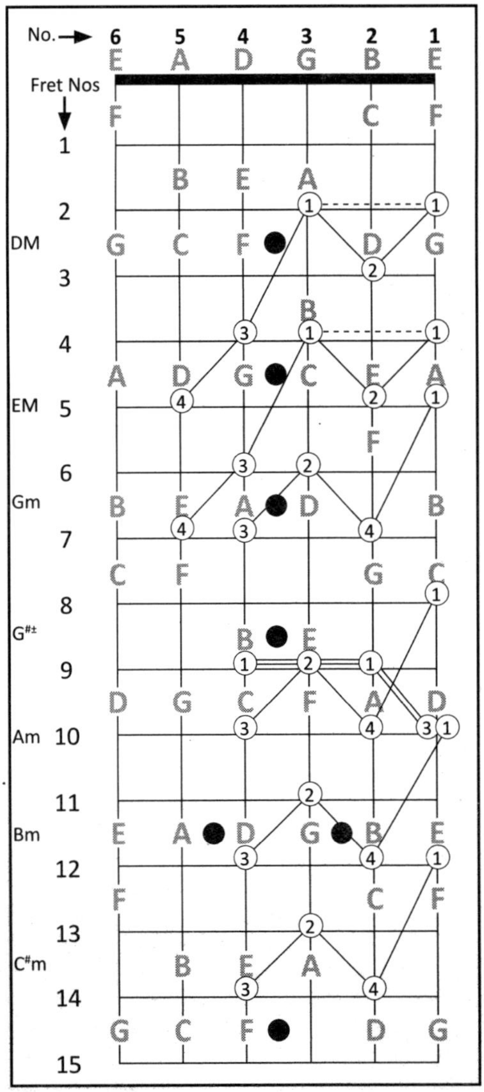

स्वर	तार न•	फ्रैट न•	उंगली न•	स्वर	तार न•	फ्रैट न•	उंगली न•
ग़, म़, प़	6	3, 5	2, 4	प, धा	3	2, 4	1, 3
धा, नि़, सा	5	2, 3, 5	1, 2, 4	नि, सां, रें	2	2, 3, 5	1, 2, 4
रे, ग, म	4	2, 4, 5	1, 3, 4	ग, म, प	1	2, 4, 5	1, 3, 4

स्केल के सरगम के हर स्वर पर लगने वाले कोर्डस के लिये नीचे देखें।

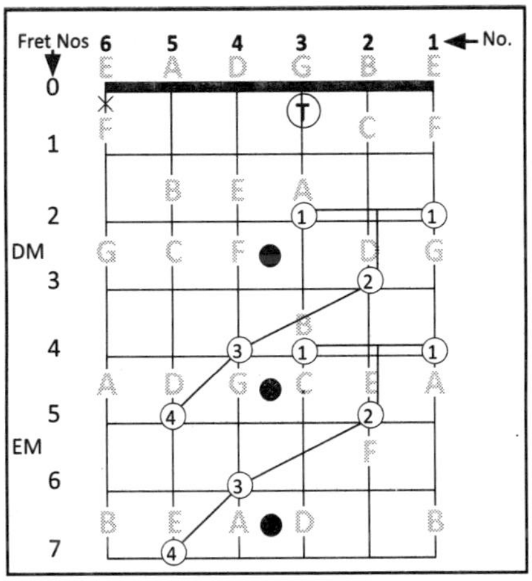

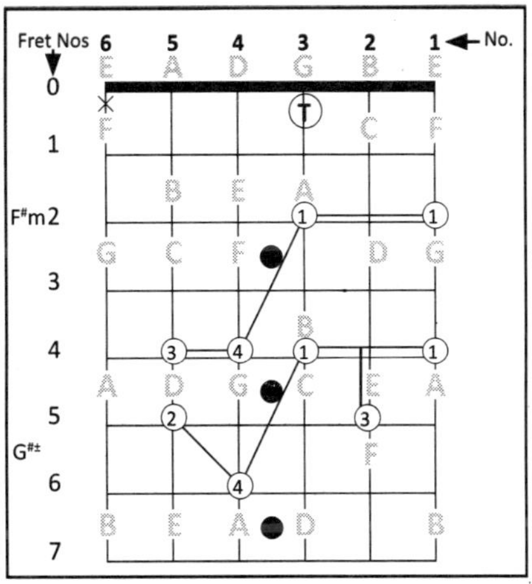

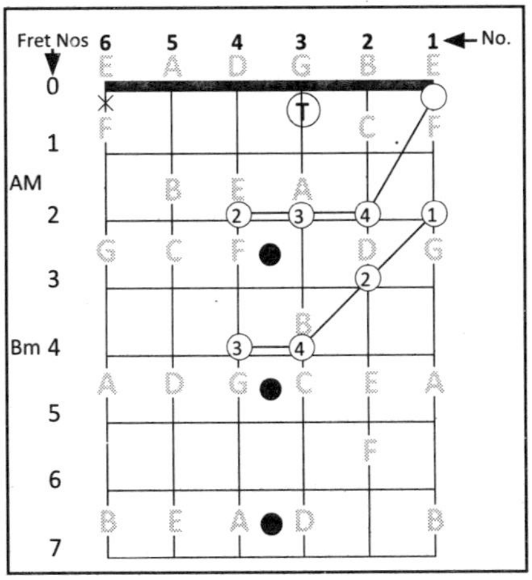

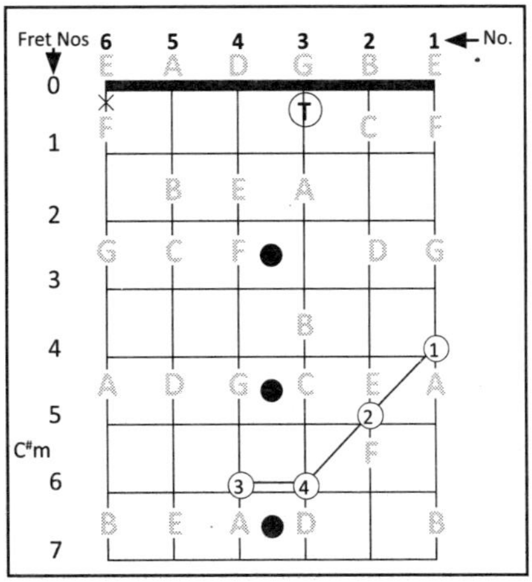

थाट काफी D scale में सा, रे, ग॒, म, प, धा और नि स्वर लगते हैं।

1	2	3	4	5	6	7	8	9	10	11	12	13
सा	रे॒	रे	ग॒	ग	म	मं	प	धा॒	धा	नि॒	नि	सां
D	E^b	E	F	$F^\#$	G	$G^\#$	A	B^b	B	C	$C^\#$	D
सा		रे	ग॒		म		प		धा	नि॒		सां
Dm		Em	FM		GM		Am		$B^\pm$	CM		Dm
1		3	4		6		8		10	11		13

D note से थाट काफी की सरगम के हर स्वर पर कोर्ड बनाने का अध्ययन करेंगे। D minor, E minor, F Major, G Major, A minor, $B^\pm$, C Major और D minor कोर्डस लगेंगे।

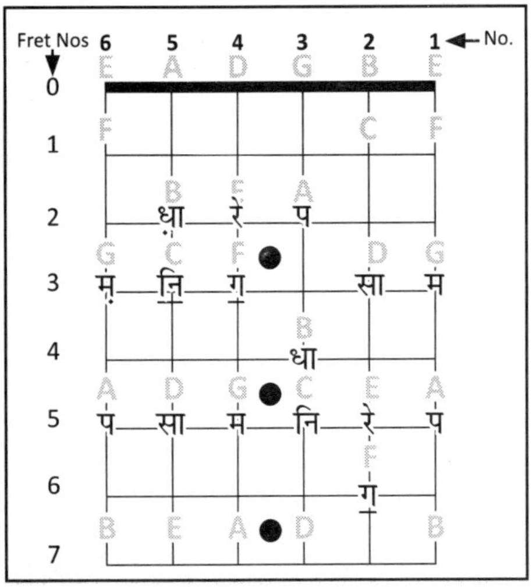

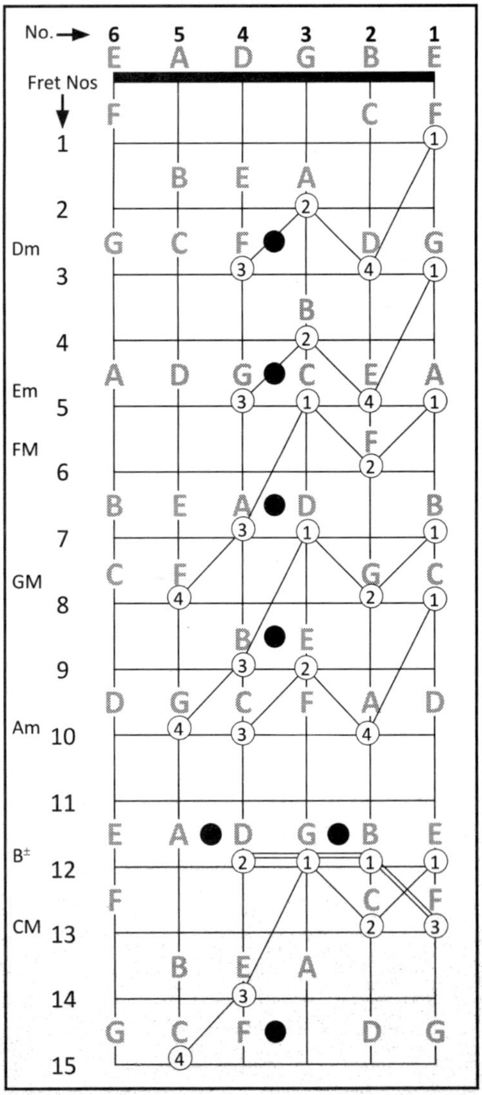

स्वर	तार न॰	फ्रैट न॰	उंगली न॰	स्वर	तार न॰	फ्रैट न॰	उंगली न॰
ग॒, म़, प़	6	3, 5	2, 4	प, धा	3	2, 4, 5	1, 4, 5
धा़, नि़॒, सा	5	2, 3, 5	1, 2, 4	नि॒, सां, रें	2	3, 5	2, 4
रे, ग॒, म	4	2, 4, 5	1, 3, 4	ग॒, म, प	1	2, 3, 5	1, 2, 4

स्केल के सरगम के हर स्वर पर लगने वाले कोर्डस के लिये नीचे देखें।

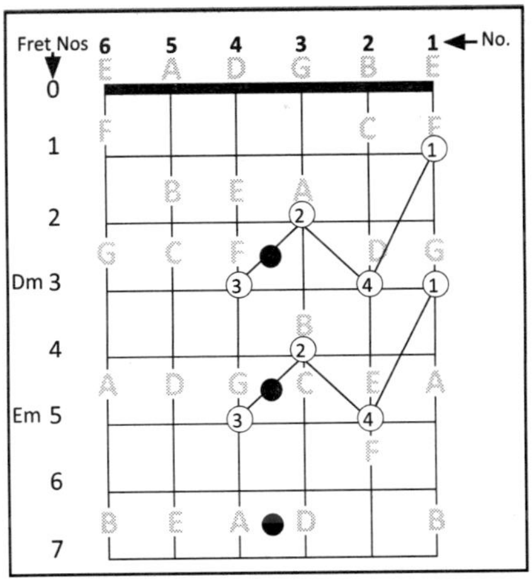

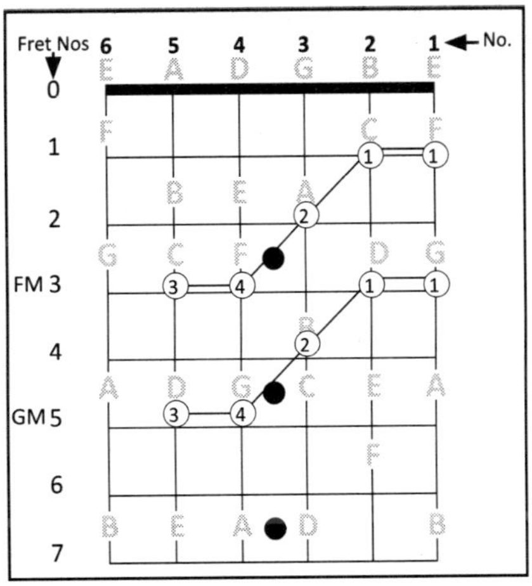

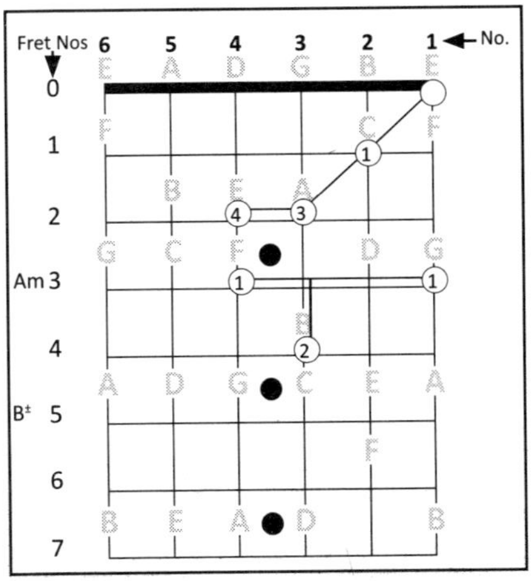

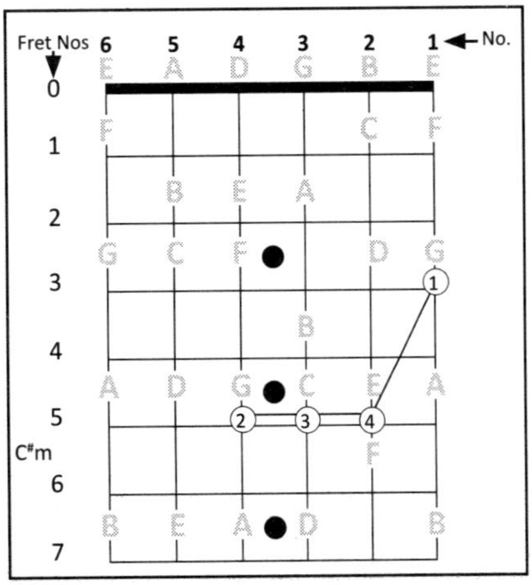

थाट असावरी D scale में सा, रे, ग॒, म, प, धा॒ और नि॒ स्वर लगते हैं।

1	2	3	4	5	6	7	8	9	10	11	12	13
सा	रे॒	रे	ग॒	ग	म	मं	प	धा॒	धा	नि॒	नि	सां
D	E^b	E	F	$F^{\#}$	G	$G^{\#}$	A	B^b	B	C	$C^{\#}$	D
सा		रे	ग॒		म		प	धा॒		नि॒		सां
Dm		$E^{\pm}$	FM		Gm		Am	B^bM		CM		Dm
1		3	4		6		8	9		11		13

D note से थाट असावरी की सरगम के हर स्वर पर कोर्ड बनाने का अध्ययन करेंगे। D minor, E midol, F Major, G minor, A minor, B^b Major, C Major और D minor कोर्डस लगेंगे।

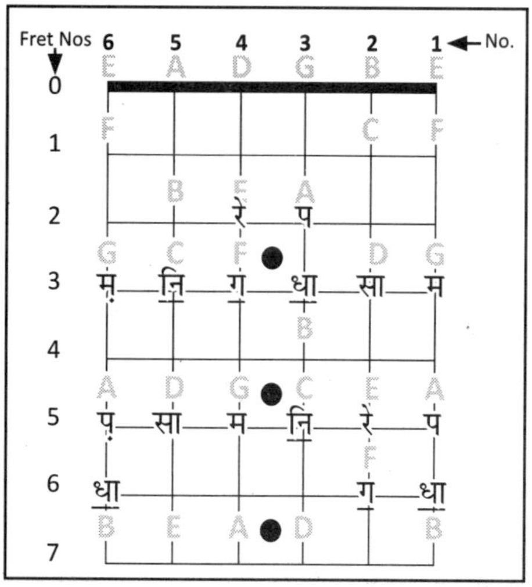

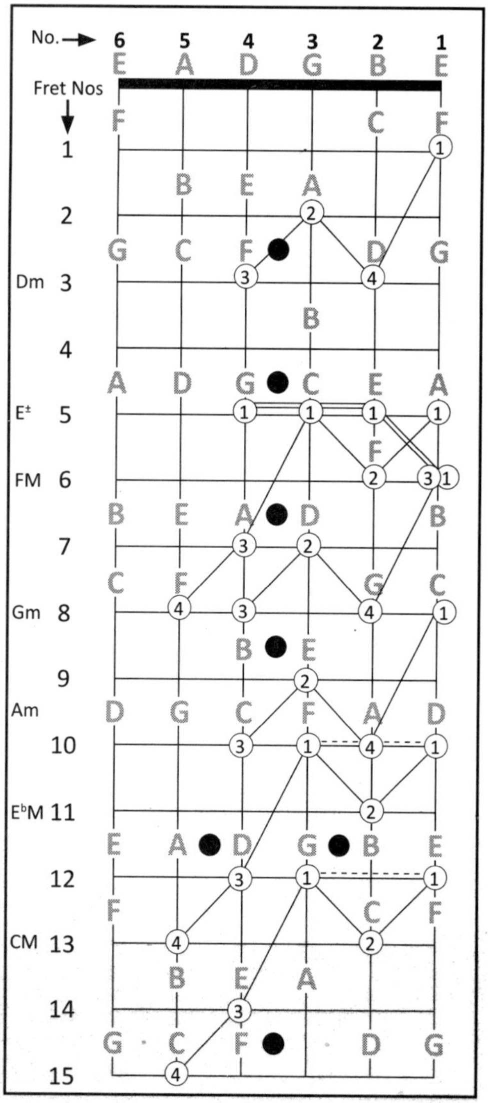

स्वर	तार न॰	फ्रैट न॰	उंगली न॰	स्वर	तार न॰	फ्रैट न॰	उंगली न॰
ग़, म़, प़	6	3, 5	2, 4	प, धा	3	2, 4, 5	1, 4, 5
ध़ा, नि़, सा	5	2, 3, 5	1, 2, 4	नि, सां, रें	2	3, 5	2, 4
रे, ग, मं	4	2, 4, 5	1, 3, 4	ग, म, प	1	2, 3, 5	1, 2, 4

स्केल के सरगम के हर स्वर पर लगने वाले कोर्डस के लिये नीचे देखें।

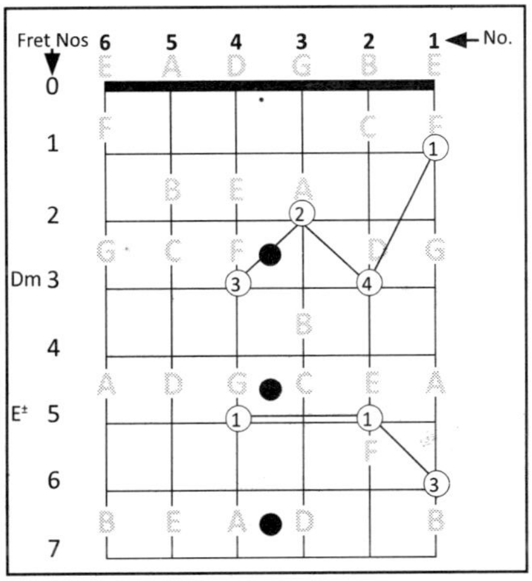

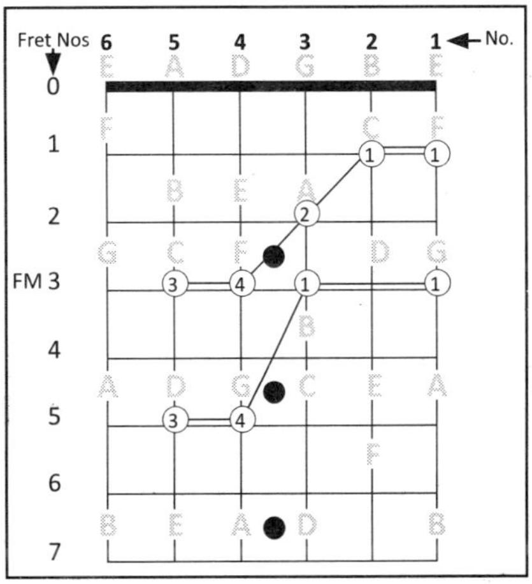

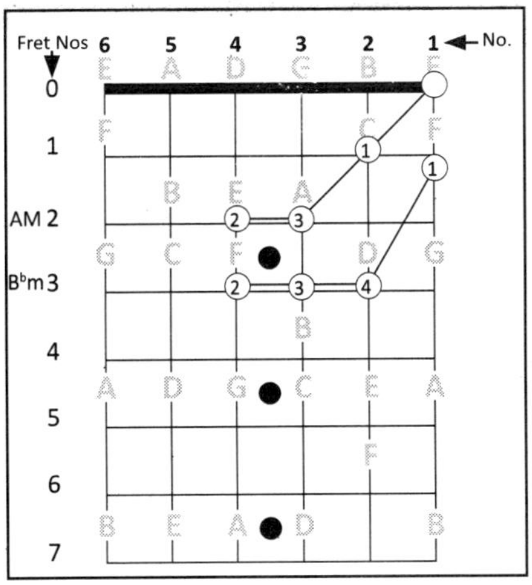

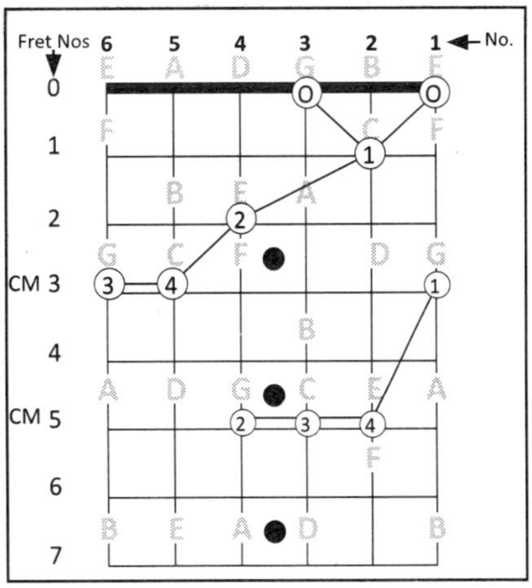

थाट भैरवी D scale में सा, <u>रे</u>, <u>ग</u>, म, प, <u>धा</u> और <u>नि</u> स्वर लगते हैं।

1	2	3	4	5	6	7	8	9	10	11	12	13
सा	<u>रे</u>	रे	<u>ग</u>	ग	म	मं	प	<u>धा</u>	धा	<u>नि</u>	नि	सां
D	E^b	E	F	$F^\#$	G	$G^\#$	A	B^b	B	C	$C^\#$	D
सा	<u>रे</u>		<u>ग</u>		म		प	<u>धा</u>		<u>नि</u>		सां
Dm	E^bM		FM		Gm		$A^\pm$	B^bM		Cm		Dm
1	2		4		6		8	9		11		13

D note से थाट भैरवी की सरगम के हर स्वर पर कोर्ड बनाने का अध्ययन करेंगे। D minor, E^b Major, F Major, G minor, A midol, B^b Major, C minor और D minor कोर्डस लगेंगे।

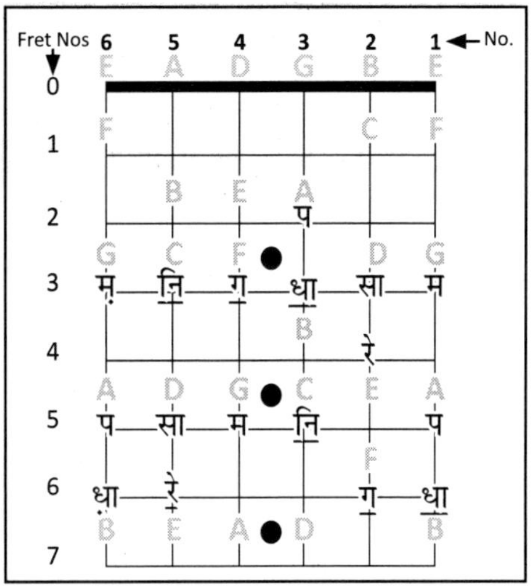

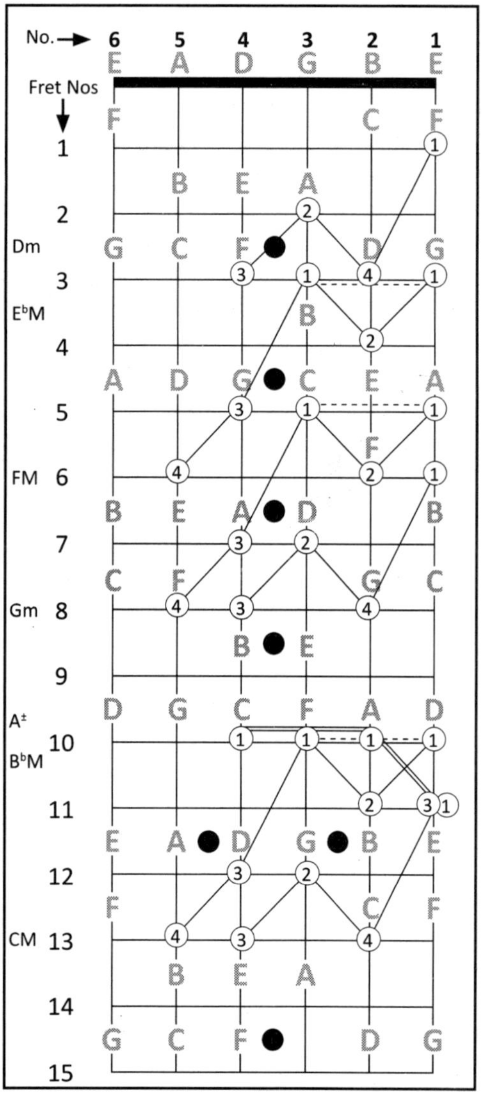

स्वर	तार न॰	फ्रैट न॰	उंगली न॰	स्वर	तार न॰	फ्रैट न॰	उंगली न॰
म, प, धा	6	3, 5, 6	1, 3, 4	प, धा, नि	3	2, 3, 5	1, 2, 4
नि, सा, रे	5	2, 5, 6	1, 3, 4	सां, रें, ग	2	3, 4, 6	1, 2, 4
ग, म	4	3, 5	1, 3	म, प, धा	1	3, 5, 6	1, 3, 4

स्केल के सरगम के हर स्वर पर लगने वाले कोर्डस के लिये नीचे देखें।

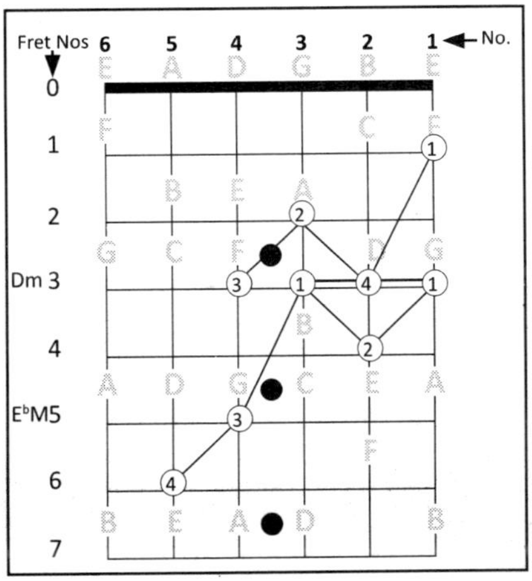

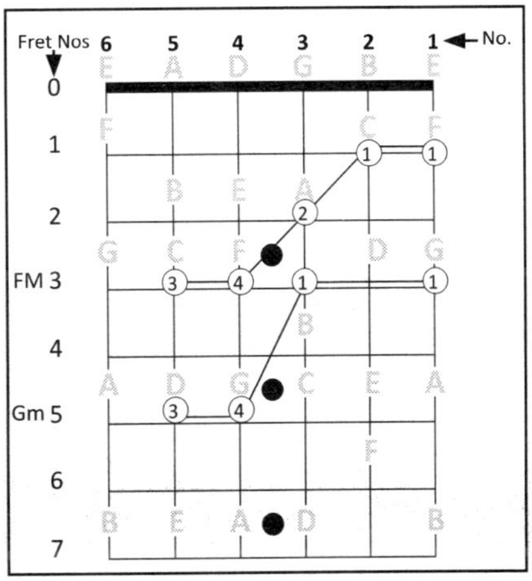

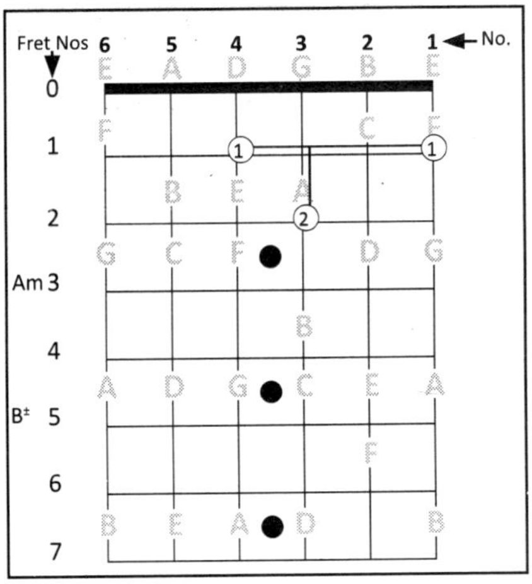

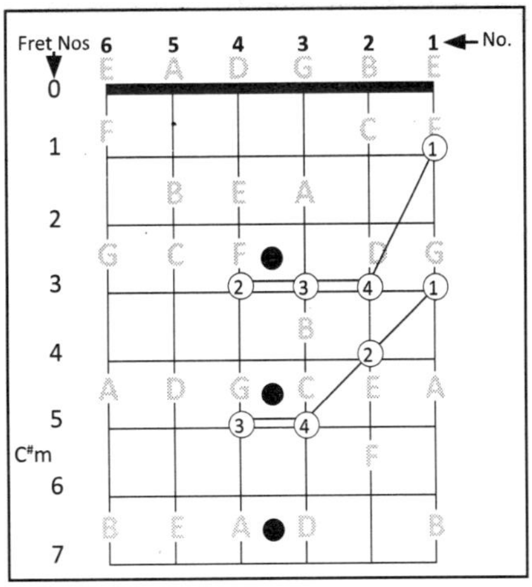

कोर्ड को कैसे पकड़ें

How to Hold Chord

उंगली न• 1 और अंगूठे के बीच जो, हथेली का Carve बनता है, उस कर्व को फ्रैट बोर्ड के पीछे चिपका कर रखें और उंगलियों की टिप्स (Tips) से कोर्डस की निर्धारित तारों को बताई हुई उंगलियों से, फ्रैटस (Metal bar) से जरा सा पीछे कोर्ड को ऐसे पकड़ें कि उंगलियों के नाखून, आपके नज़र के सामने हों। उंगलियों को आपस में चिपका कर कोर्ड पकड़ें। अंगूठे से फ्रैट बोर्ड को पीछे से दबाने से उंगलियों पर दबाब बना कर, कोर्ड की सारी तारों को एक–एक करके बजायें, जब तक सारी तारों की आवाज़ बिलकुल साफ नहीं आ रही हो, तब तक उंगलियों की टिप्स को तारों पर adjust करते रहें।

सारी तारों को उंगली न• 1 से पकड़े जाने वाले कोर्ड को बारकोर्ड (bar chord) कहते हैं, जिसमें उंगली न• 1 से, एक ही फ्रैट पर 6 तारें दबाई जाती हैं। उंगली न• 1 से एक ही फ्रैट पर तार न• 1, 2, 3 और 4 को पकड़ते हैं, तो ये अर्ध बार कोर्ड (half bar chord) कहलाता है और जल्दी–जल्दी कोर्डस को बदला जा सकेगा। किसी भी गाने में अचल स्वर सा और प अनिवार्य होता है और कोर्डस का आधार भी यही होता है। अर्ध बार कोर्ड के लिये उंगली न• 1 को एक ही फ्रैट पर चिपकाकर, दबाकर पकड़ा जाता हैं। उंगली न• 2, 3 और 4 की टिप को हुक बनाकर तारों को अलग अलग फ्रैटस पर पकड़ा जाता है। अगर पहली उंगली के अतिरिक्त, एक ही फ्रैट पर 2 या 3 तारों को पकड़ना हैं, तो उंगली न• 4 के नाखून पर उंगली न• 3, उंगली न• 3 के नाखून पर उंगली न• 2 आयेगी। आवाज़ ठीक नहीं आने के कई कारण हो सकते हैं, कोई उंगली या हथेली का कोई भाग तार को कहीं पर छू ना रहा हो, या तारें, उंगलियों की टिप्स के बिलकुल बीचोंबीच ना हों, या अंगूठे का दबाव चारों उंगलियों पर बराबर से नहीं पड़ रहा हो या आपके दायें हाथ की कलाई ब्रिज से आगे होने की वजह से तारों को छू रही हो। उंगलियों की टिप्स के अतिरिक्त हथेली या उंगली का कोई भी भाग तारों को न छुए।

कलाई हिलाने से पत्ता, तार को छेड़ता रहता है

कलाई को चाप लगाने की तरह, तार के ऊपर से नीचे और नीचे से ऊपर, दोनों तरफ इतना सीमित चलाएं कि पत्ता, तार को दोनों तरफ से छेड़ता हुआ बराबर दूरी

तक लगातार चलता रहे, ताकि, आवाज़ समान आये। और दूसरी तार को न लगे। अगर आवाज़ समान नहीं है तो पत्ता, तार के एक तरफ ज्यादा दूर और तार के दूसरी तरफ कम दूर जा रहा है।

कोर्डस कैसा बजायें?

कोर्डस की तारों को 2 हिस्सों (2 Sets) में बजाना होता है। अगर कोर्ड पहली 4 तारों पर आता है तो, तार न• 4, 3, 2 को एक सैट और तार न• 4, 3, 2, 1 को दूसरा सैट मान दूसरे सैट में सारी तारें बजा सकते हैं। अगर कोर्ड 5 तारों पर आता है, तो तार न• 5, 4, 3 को सैट एक और तार न• 5, 4, 3, 2, 1 को दूसरा भाग मान लेते हैं। पहले सैट में bass strings को बजाते हैं और दूसरा सैट में कोर्ड की सारी तारों को बजाते हैं, और तुरन्त चुप करा कर बगैर देर किये फिर बजाना शुरू कर देते हैं। अगर बजाने में 1–2 तार ऊपर नीचे हो जायें तो कोई फर्क नहीं पड़ता। हर कोर्ड को हर बार बजा कर चुप करने से, एक तो आवाज़ पर नियन्त्रण बनता है और उंगलियों की स्थिति भी अनुरूप होती जाती है।

अगर कोर्डस प्रति सैकंड बदला जायेगा तो कोर्डस की आवाज़ का फर्क साफ–साफ सुनने को मिलेगा, इसके लिये नीचे दी हुई 3 सारणी (3 Table) सारणी में A1, A2, A3; B1, B2, B3 और C1, C2, C3 के एक सैट के तीन कार्डस पर उंगलियाँ बदल–बदल कर, एक बार कोर्ड को बजा कर, दूसरे कोर्ड के लिये उंगलियाँ बदलने से उंगलियाँ active होंगी और जल्दी–जल्दी कोर्डस बदले जा सकेंगे। इसके लिये कोर्ड बदलने का निरन्तर प्रयास और अभ्यास करना जरूरी है।

सैट A में E minor, C Major और B midol आते है।

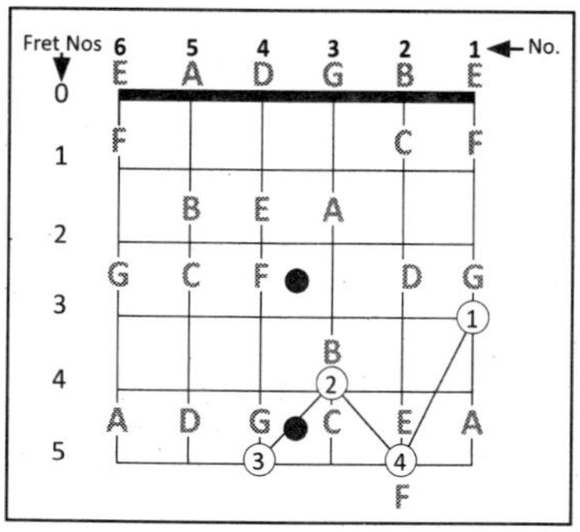

A1 E minor

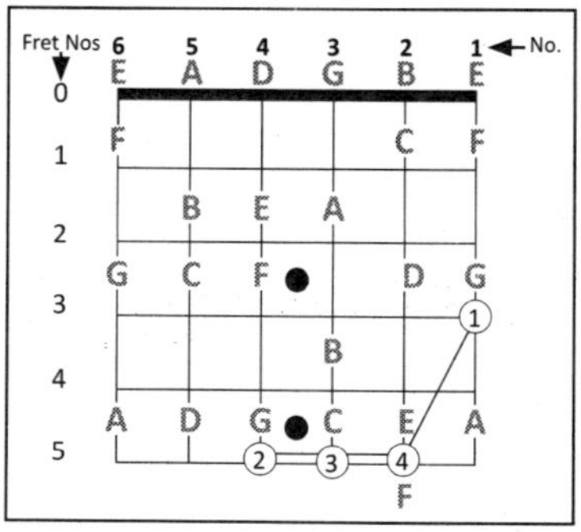

A2 C Major

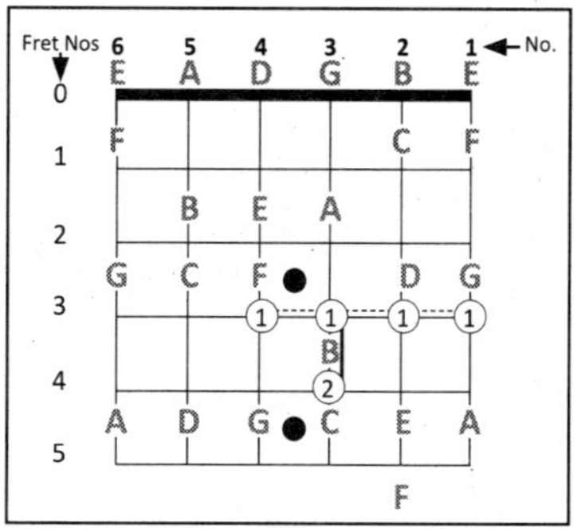

A3 B midol

सेट B में B minor, D Major और F# Bmidol आते हैं।

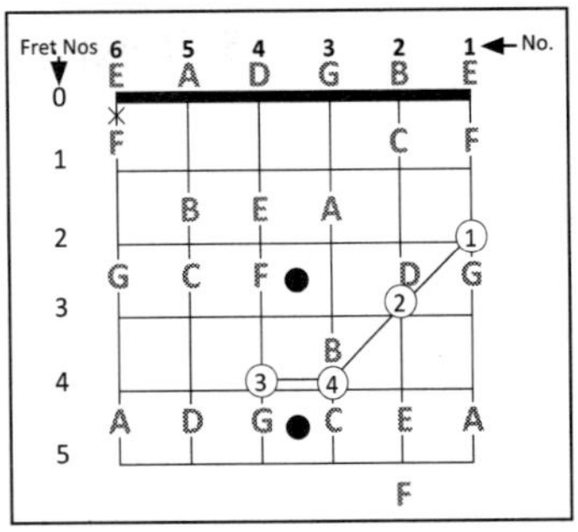

B1 B minor

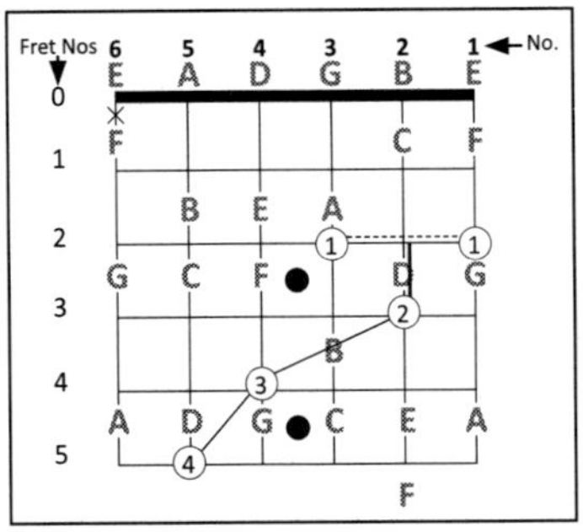

B2 D Major

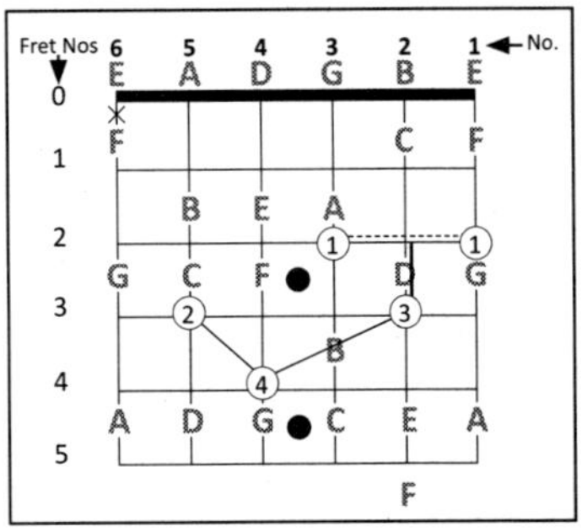

B3 F# midol

C में G Major, G minor और D midol आते हैं।

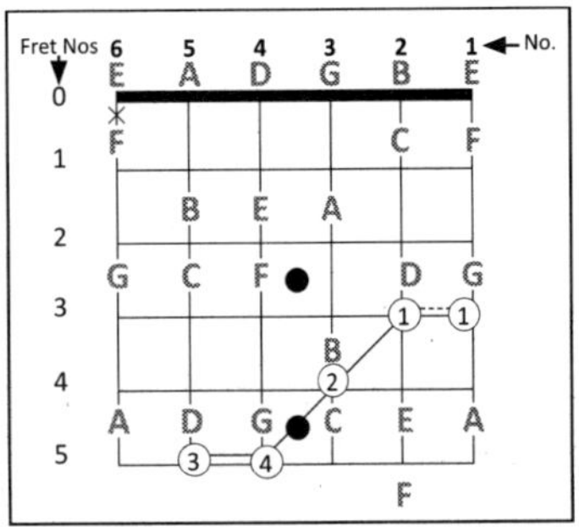

C1 G Major

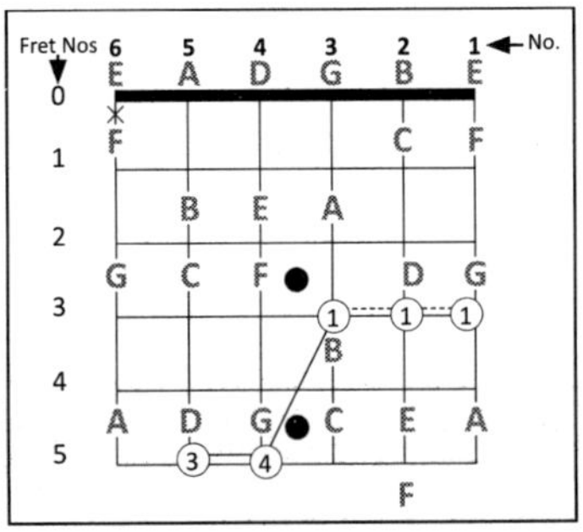

C2 G minor

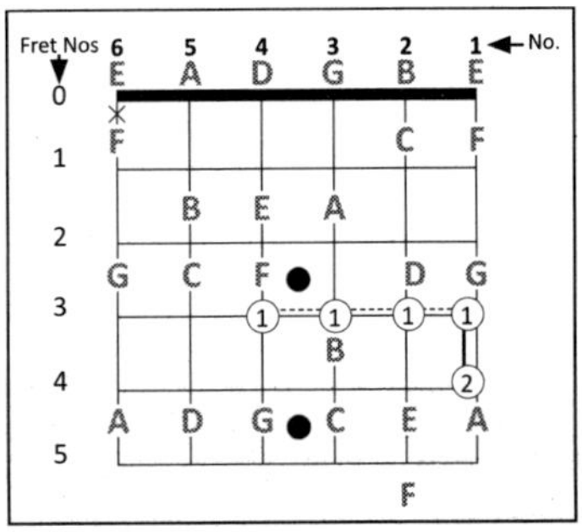

C3 D midol

अभ्यास न॰ A1, A2, A3 में अंगूठा नहीं हटाना है। इसी तरह B के सैट और C के सैट में भी अंगूठा नहीं हटाना है।

Major, minor and midol in

X Position

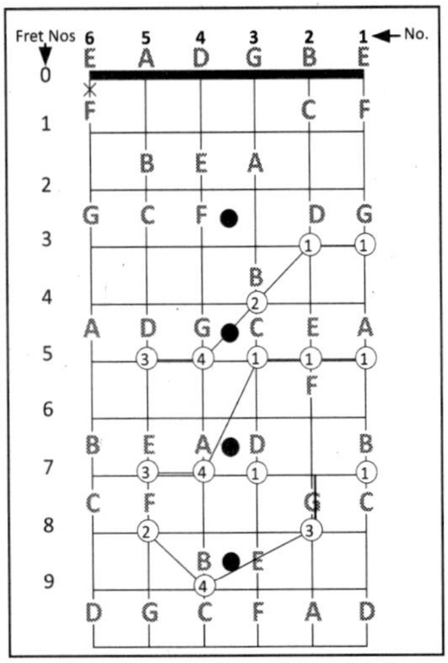

G Major, A minor & B midol

Y Position

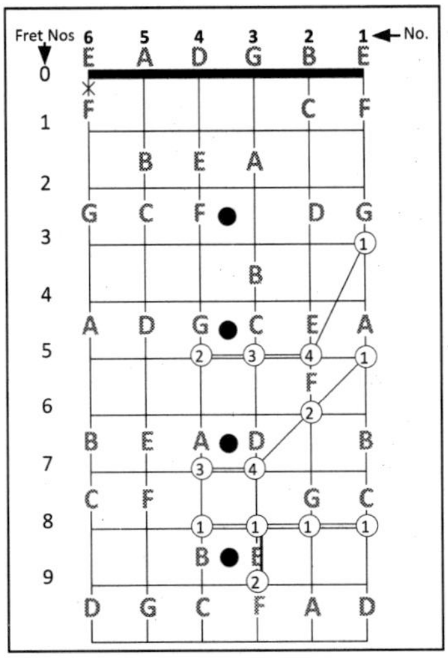

C Major, D minor & E midol

Z Position

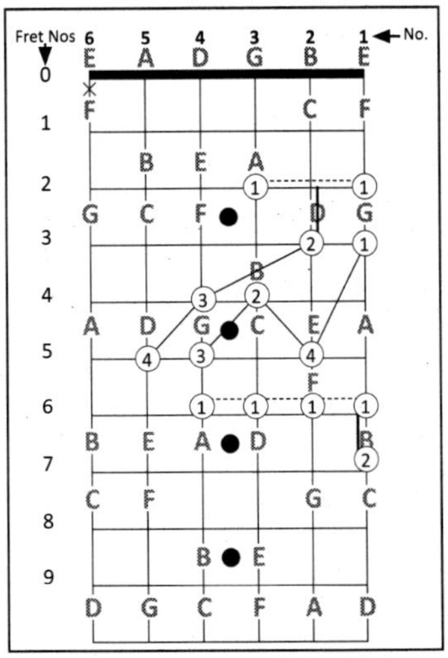

D Major, E minor & F midol

Progression of G Major

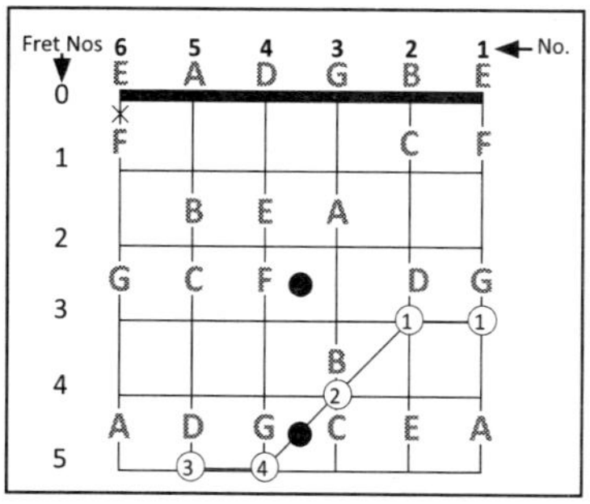

G Major

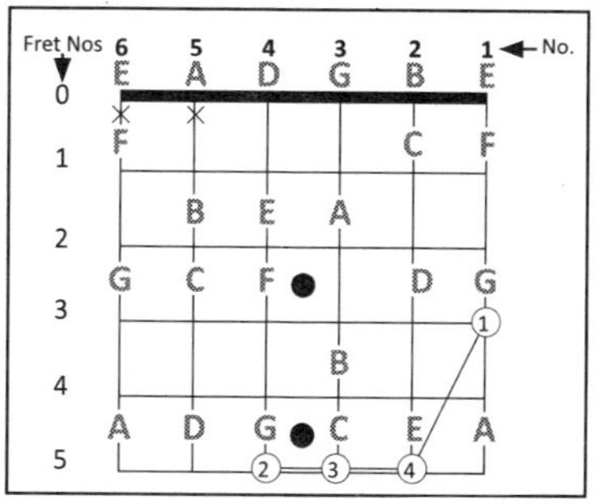

C Major

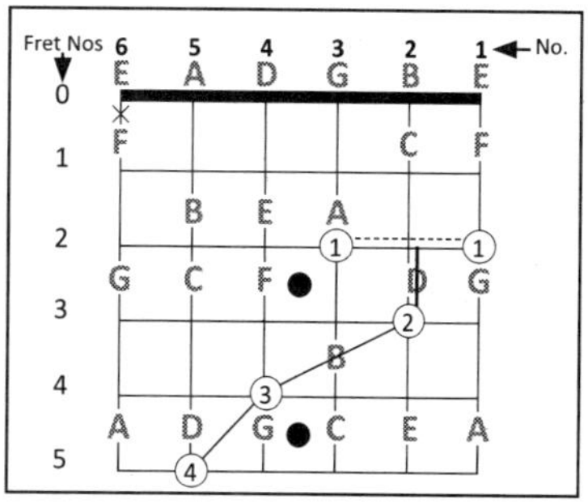

D Major

Progression of G minor

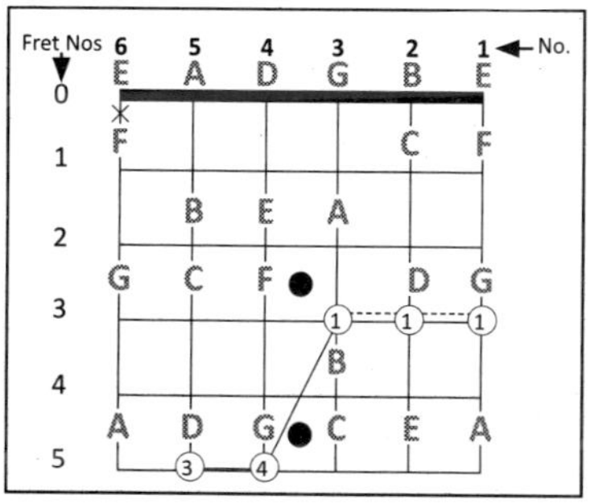

G minor

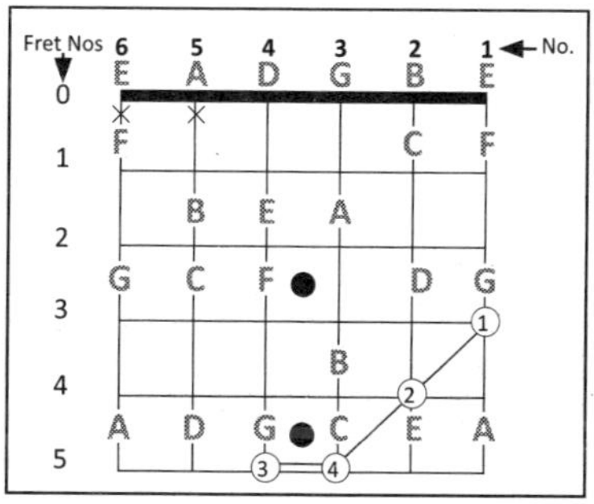

C minor

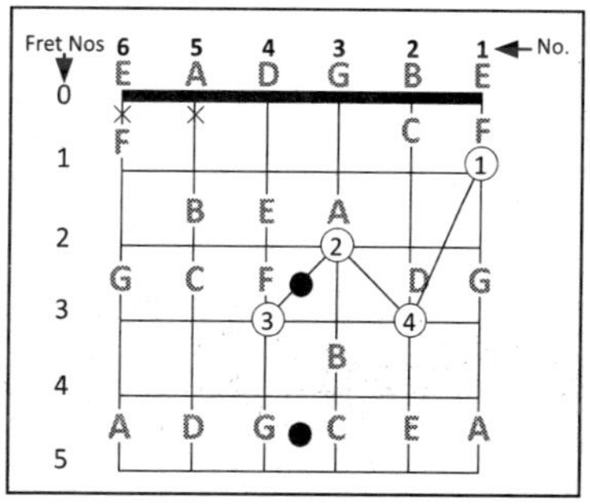

D minor

Progression of C Major

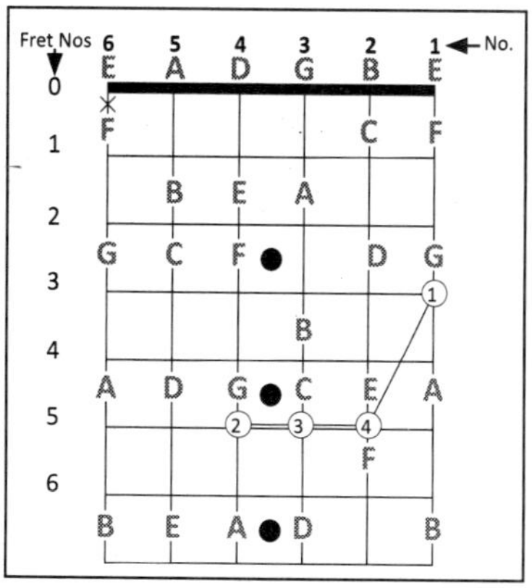

C Major

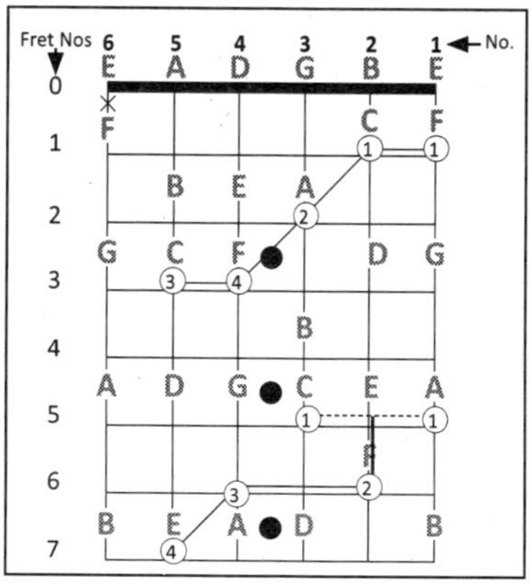

F Major

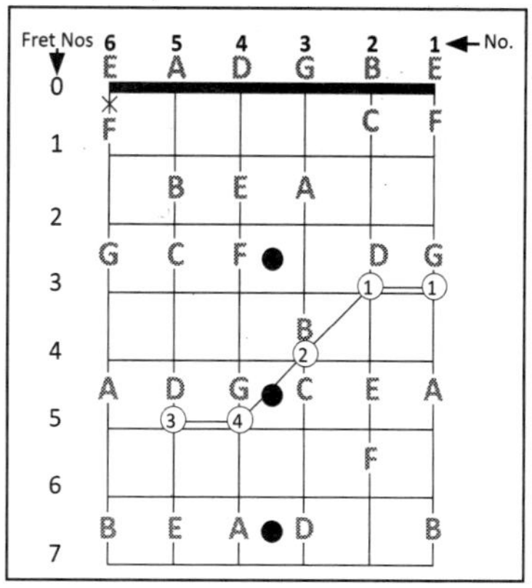

G Major

Progression of C minor

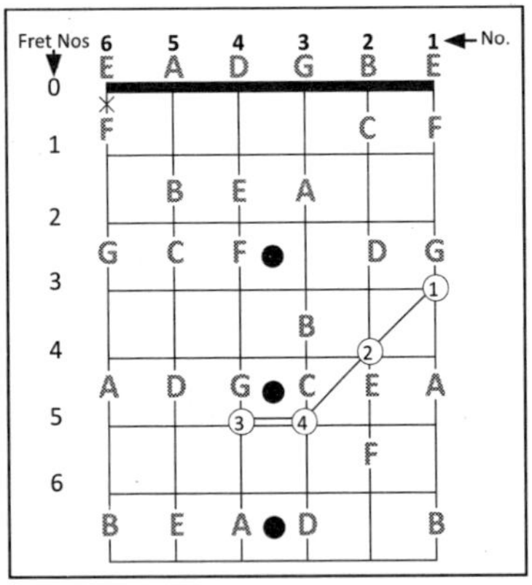

C minor

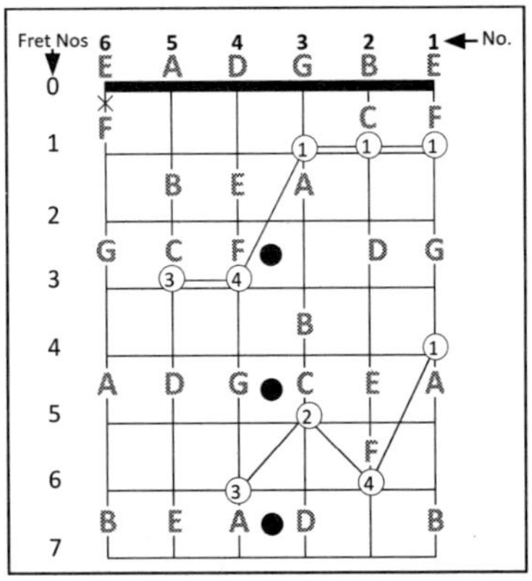

Both are F minor

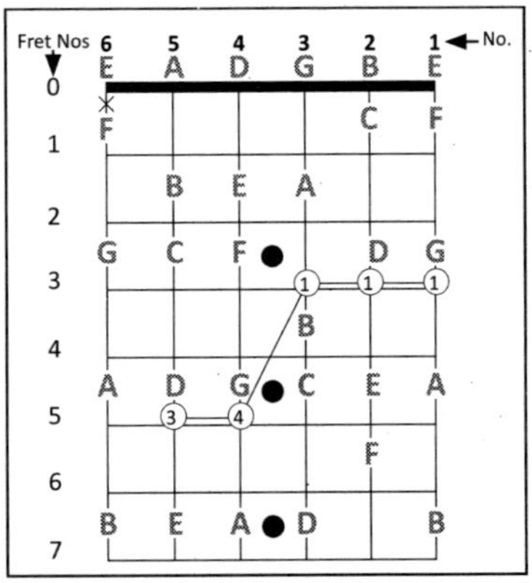

G minor

Progression of D Major

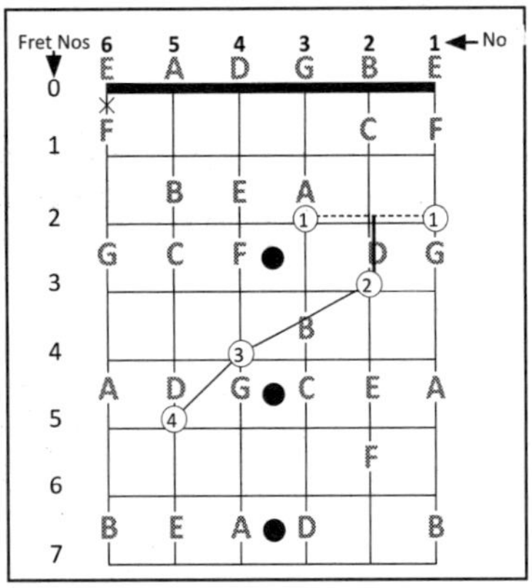

D Major

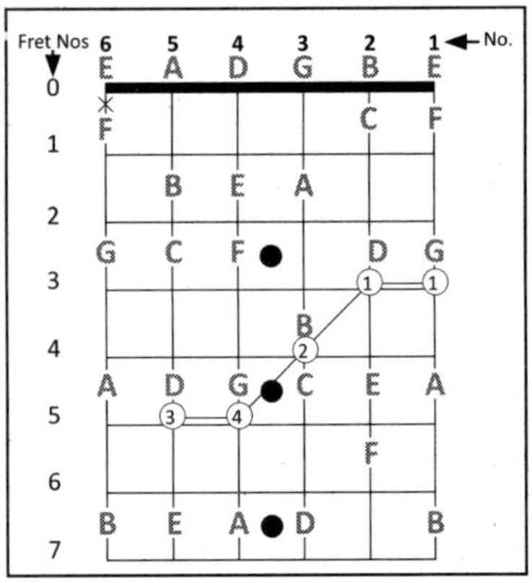

G Major

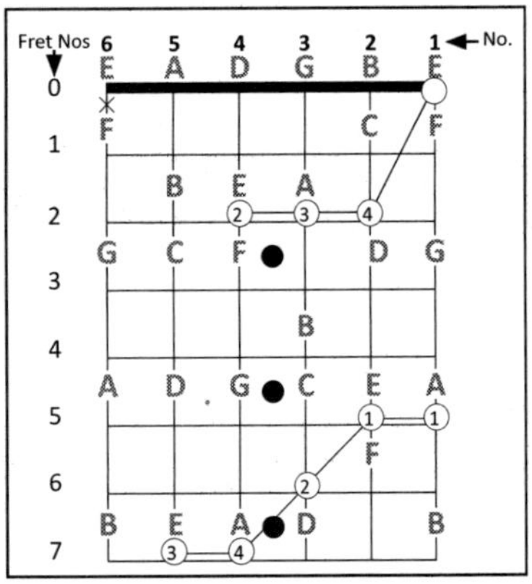

Both are A Major

Progression of D minor

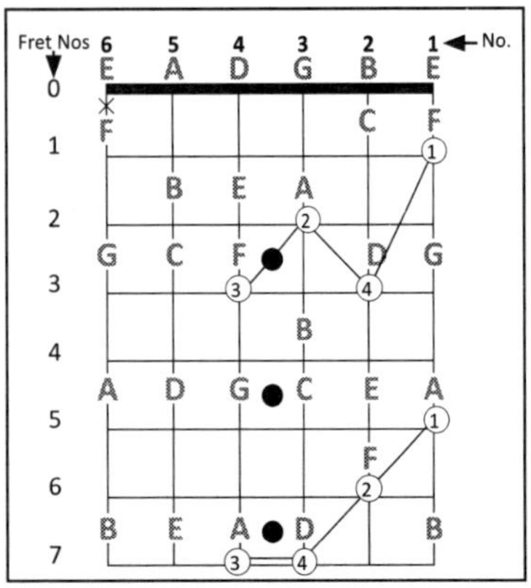

Both are D minor

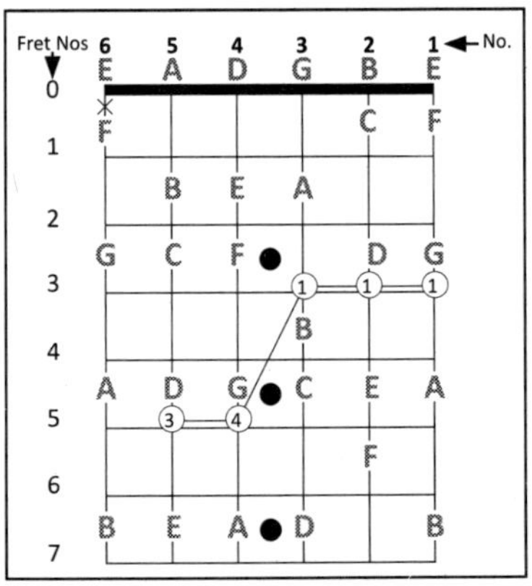

G minor

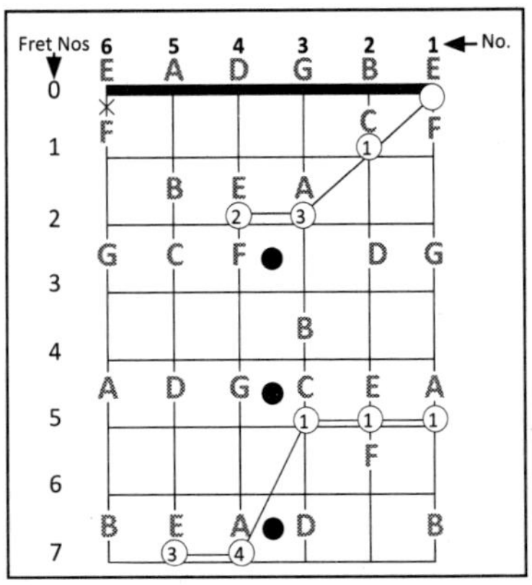

Both are A minor

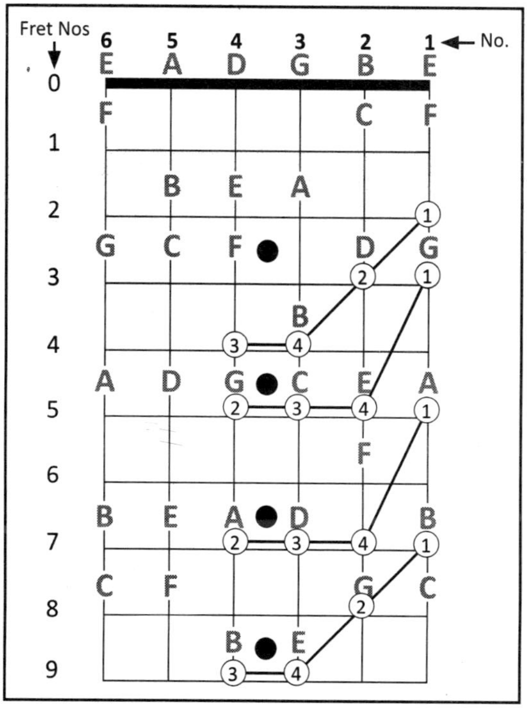

Order of chords to play E minor, D Major, C Major and B minor दम मारों दम की (Sole) रदम बजाना है।

एक, दो, तीन की गिनती गिनते हुये, एक पर पहला सैट बजायें और दो और तीन की गिनती पर दूसरा सैट बजायें और दोनों बार बजा कर चुप करा दें। इस एक्सरसाईज को लगातार बजायेंगे तो (3 मात्रा) अर्थात् बम चिक, चिक, बम चिक, बम चिक की आवाज़ आयेगी। जिससे रदम का आभास होने लगेगा।

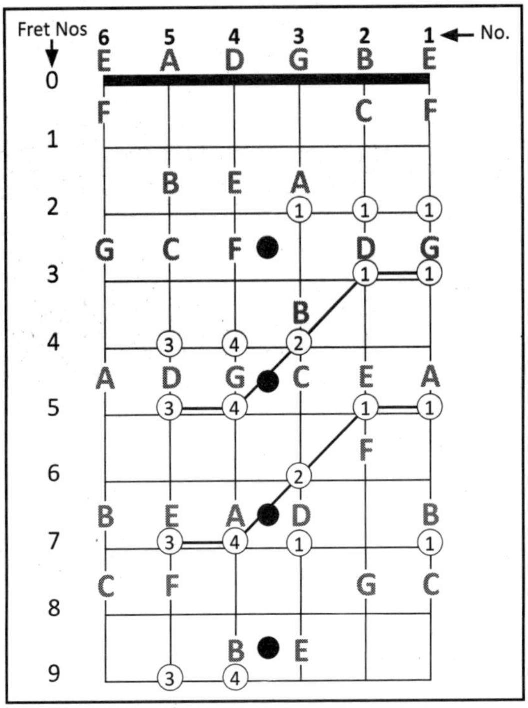

Order of chords to play B minor, A Major, G Major and F# minor अजीब दास्ताँ है ये की (Slow foxtrot) रदम बजाना है।

कोर्ड की पकड़ी हुई तारों को, एक, दो की गिनती गिनते हुये, पत्ते को तारों के ऊपर से नीचे बजाते हुये, एक पर पहला सैट बजायें और दो की गिनती पर दूसरा सैट अर्थात् सारी तारें बजायें और तुरन्त चुप करा दें, और फिर बगैर देर किये, इसी क्रिया को बारबार दोहरते रहेंगे। इस एक्सरसाईज को लगातार बजायेंगे तो (2 मात्रा) अर्थात बम चिक, बम चिक, बम चिक, बम चिक की आवाज़ आयेगी।

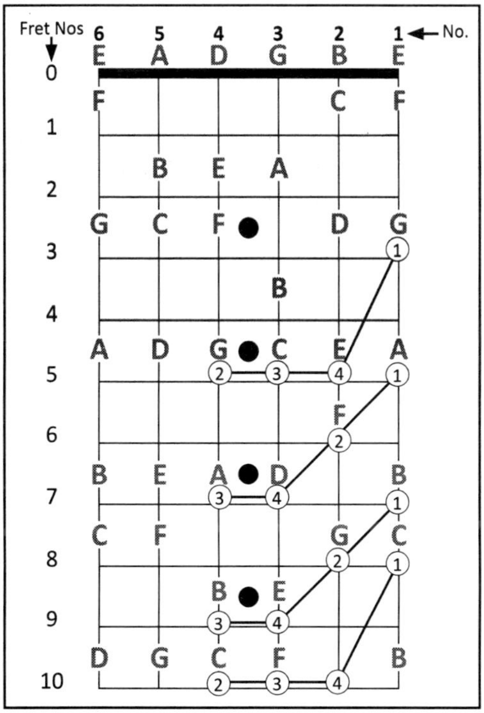

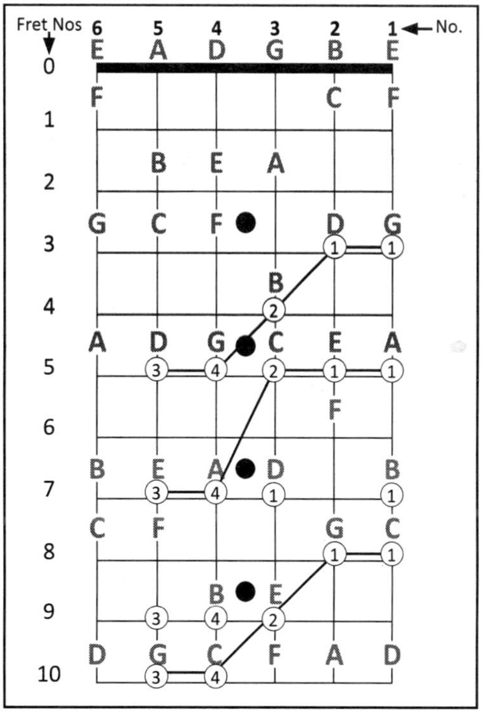

Rock n roll रदम बजाना है। 1–2, 1–2, हर कोर्ड पर बम चिक, बम चिक, अर्थात् (1–2) 2 बार बजाकर तुरन्त नीचे दी हुई सारणी (Table) के अनुसार कोर्ड बदलना है।

1	2	3	4	5	6	7	8	1	2	3	4	5	6	7	-
बम	चिक	बम	चिक	बम	चिक	बम	चिक	बम	चिक	बम	चिक	बम	बम	बम	
C	C	G	G	C	C	G	G	C	C	G	G	C	G	Am	-
Dm	Dm	Am	Am	Dm	Dm	Am	Am	Dm	Dm	Am	Am	Dm	C	Bm	-
Em	Em	Bm	Bm	Em	Em	Bm	Bm	Em	Em	Bm	Bm	Em	Dm	C	-
F	F	C	C	F	F	C	C	F	F	C	C	Bm	Am	G	-

पहले आठों कोर्डस की **fingers position** को पहचान कर धीरे धीरे कोर्डस को बदलने की कोशिश करें और जब कोर्डस आसानी से बदल रहे हों तो बम चिक चिक अर्थात् गिनती 1–2–3 के साथ बजायें, इसमें 2–3 पर आवाज़ को चुप करना है। कोर्डस का क्रम **AM, EM, F#m, DM, Bm, BM, Em and EM** है।

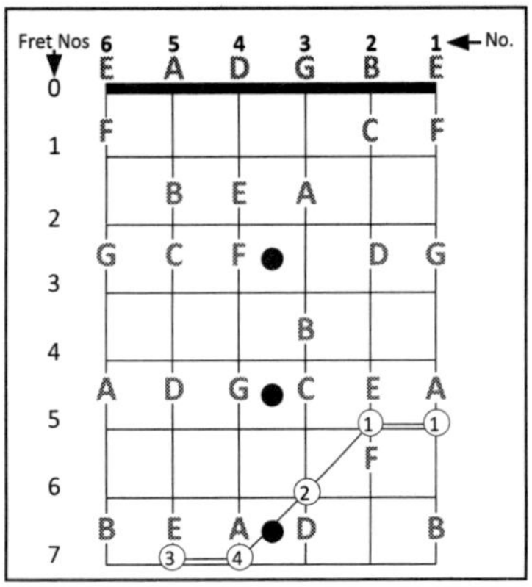

AM

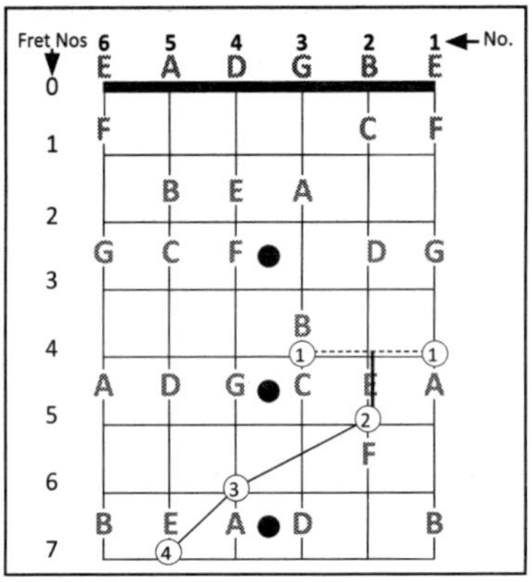

EM

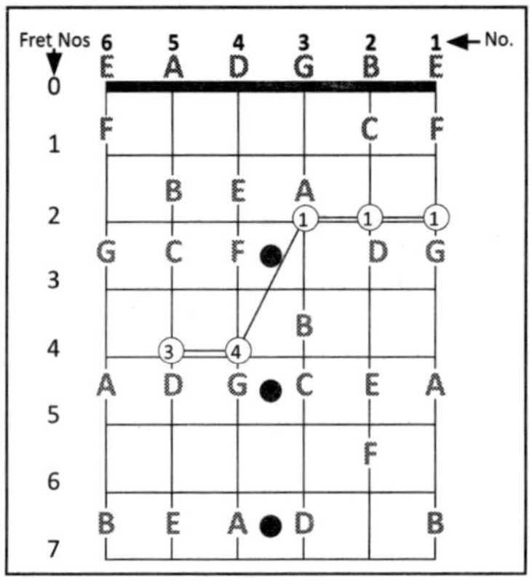

F#m

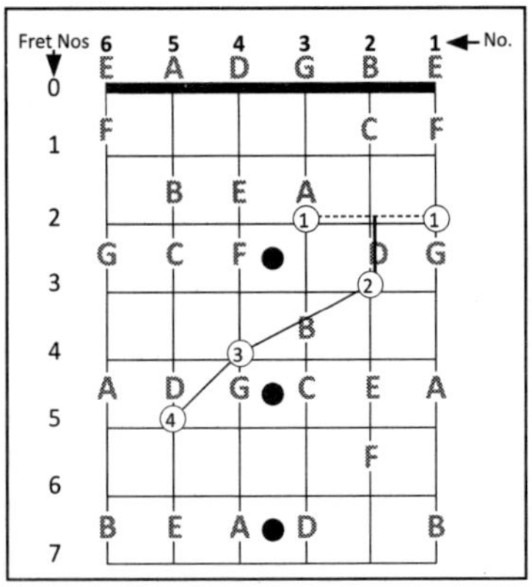

DM

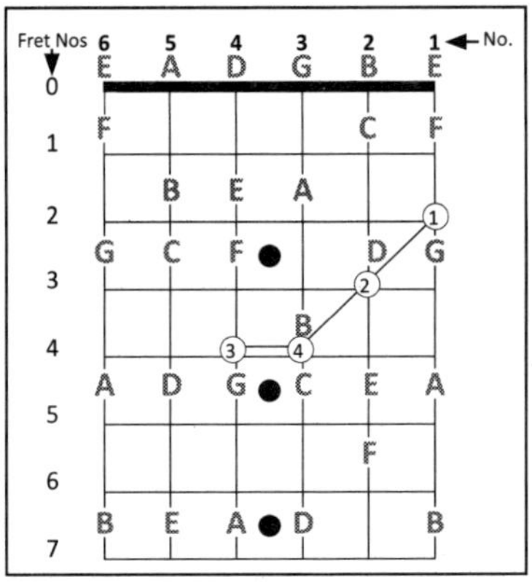

Bm

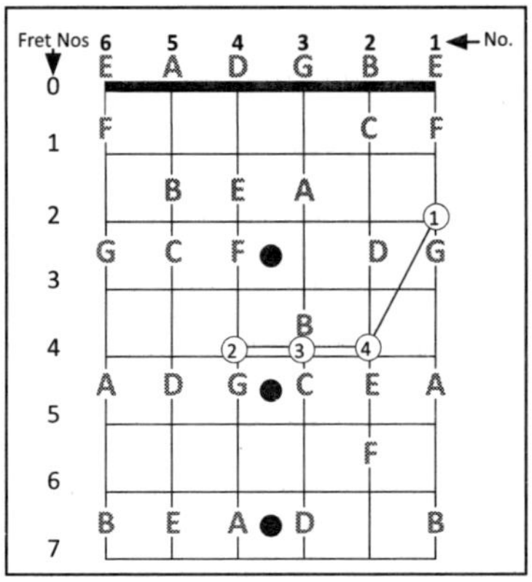

BM

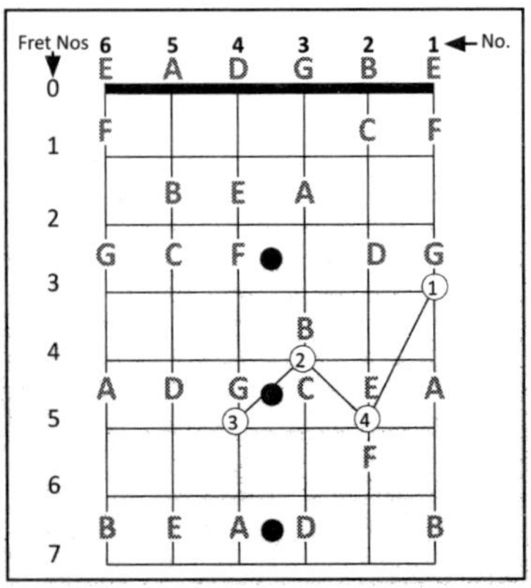

Em

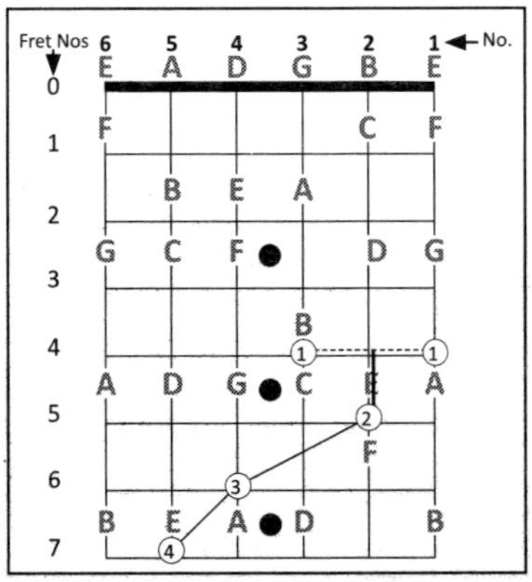

EM

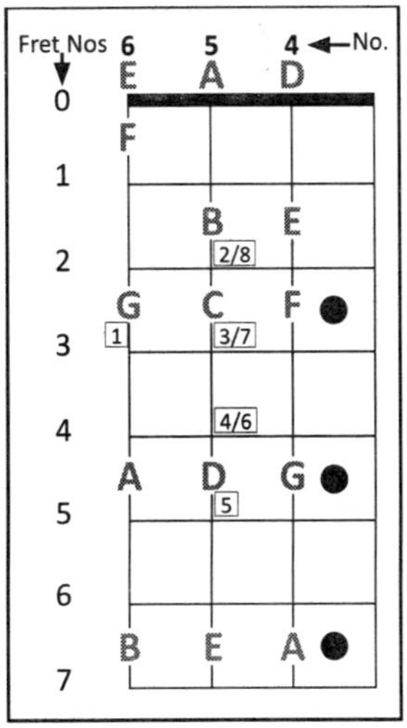

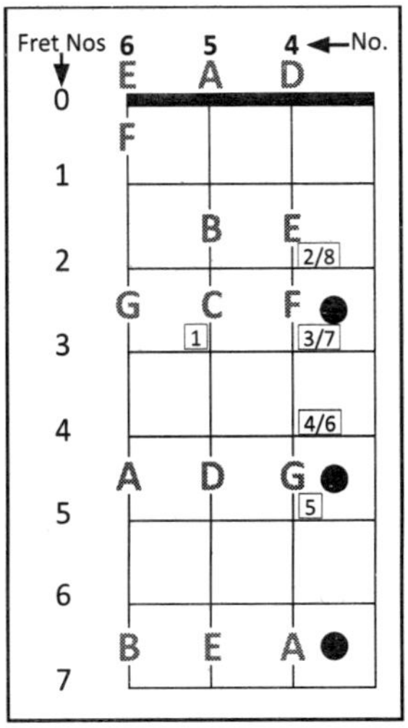

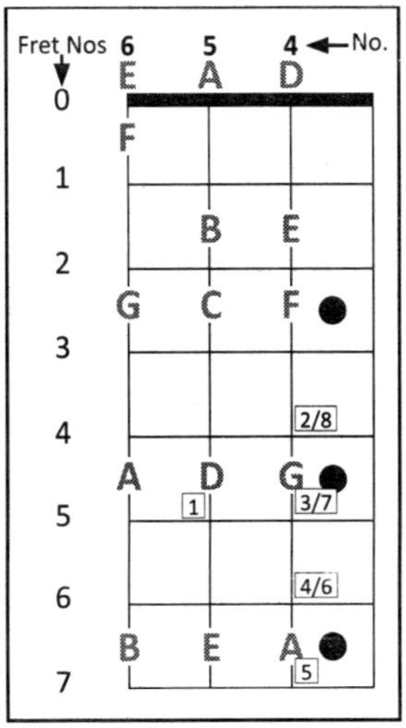

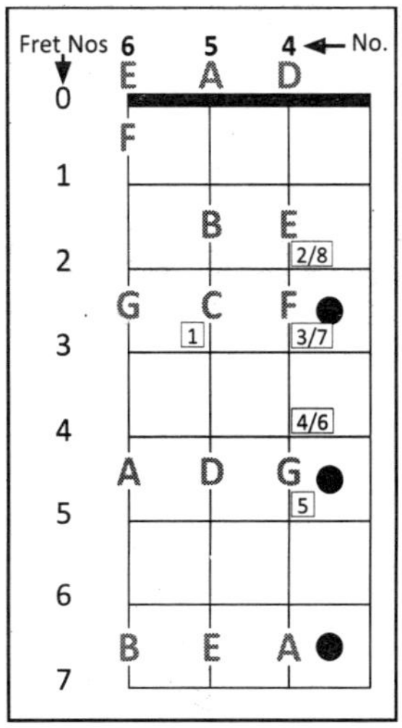

Bass set 1:— 1 से 8 की गिनती गिनते हुये तार न॰ 6 और 5 पर, हर स्वर को 2–2 बार बजाना है। तार न॰ 6 के फ्रैट न॰ 3 **(G note)** पर उंगली न॰ 2 आयेगी, तार न॰ 5 के फ्रैट न॰ 2, 3, 4, 5, 4, 3, 2 और 1 पर उंगली न॰ 1, 2, 3, 4, 3, 2, 1 आयेगी और स्वर क्रमशः **G-G, B-B, C-C, C#-C#, D-D, C#-C#, C-C** और **B-B notes** आयेंगे।

Bass set 2:— 1 से 8 की गिनती गिनते हुये तार न॰ 5 और 4 पर, हर स्वर को 2–2 बार बजाना है। तार न॰ 5 के फ्रैट न॰ 3 **(C note)** पर उंगली न॰ 2 आयेगी, तार न॰ 4 के फ्रैट न॰ 2, 3, 4, 5, 4, 3, 2 और 1 पर उंगली न॰ 1, 2, 3, 4, 3, 2, 1 आयेगी और स्वर क्रमशः **C-C, E-E, F-F, F#-F#, G-G, F#-F#, F-F** और **E-E notes** आयेंगे।

Bass set 3:— 1 से 8 की गिनती गिनते हुये तार न॰ 5 और 4 पर, हर स्वर को 2–2 बार बजाना है। तार न॰ 5 के फ्रैट न॰ 5 **(D-D note)** पर उंगली न॰ 2 आयेगी, तार न॰ 4 के फ्रैट न॰ 4, 5, 6, 7, 6, 5, 4 पर उंगली न॰ 1, 2, 3, 4, 3, 2, 1 आयेगी और स्वर क्रमशः **D-D, F#-F#, G-G, G#-G#, A-A, G#-G#, G-G,** और **F#-F# notes** आयेंगे।

Bass set 4:— Bass set 2 को **repeat** करना है।

चारो **sets** में गिनती और उंगलियों का **pattern** एक जैसा ही रहेगा। चारों **set** बजाने के बाद, बगैर देर किये **G Major chord, C Major chord, D Major chord** को 1, 2, 3 और 4 कहते हुये बजाना है, और अन्त में **G Major** को 1, 2, और 3 कहते हुये बजाना है। यही अभ्यास बार–बार दोहराते रहने से पत्ता चलाने और कोर्डस को जल्दी–जल्दी बदलने से फुरती भी आयेगी।

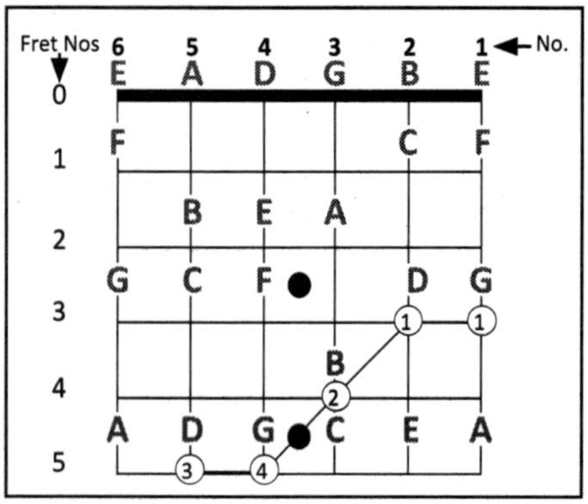
Fret Nos
6 5 4 3 2 1
No.
E A D G B E
0 1 2 3 4 5
F C F
B E A
G C F D G
B
A D G C E A
1 1 2 3 4

GM

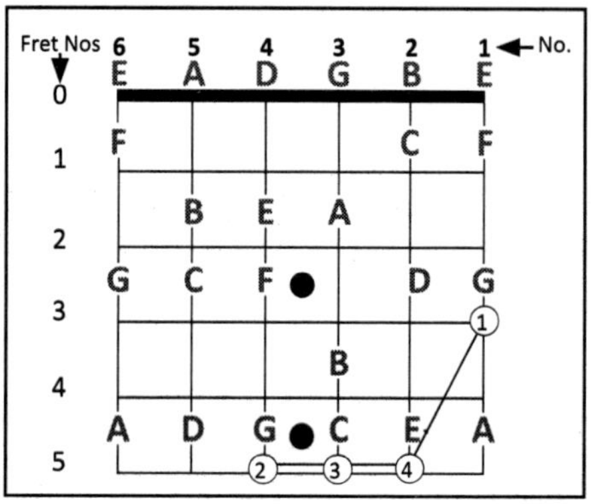
Fret Nos
6 5 4 3 2 1
No.
E A D G B E
0 1 2 3 4 5
F C F
B E A
G C F D G
B
A D G C E A
1 2 3 4

CM

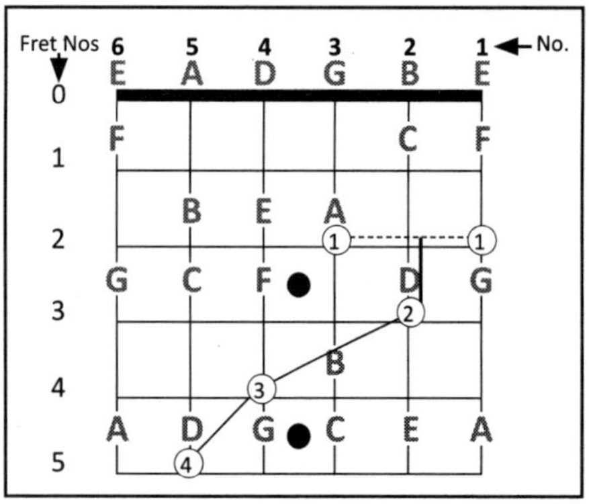
Fret Nos
6 5 4 3 2 1
No.
E A D G B E
0 1 2 3 4 5
F C F
B E A
1 1
G C F D G
2
B
3
A D G C E A
4

DM

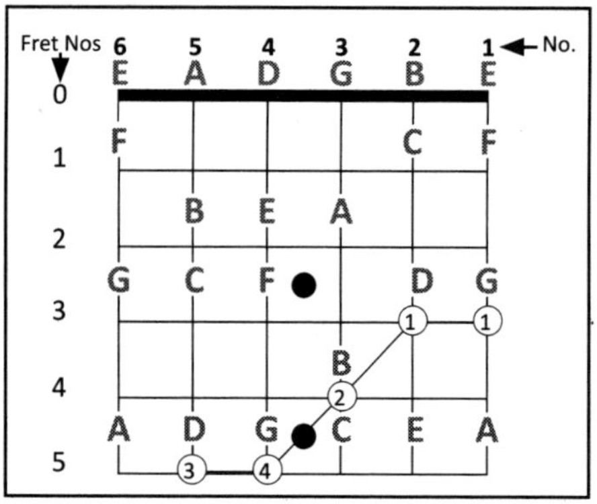
Fret Nos
6 5 4 3 2 1
No.
E A D G B E
0 1 2 3 4 5
F C F
B E A
G C F D G
1 1
B
2
A D G C E A
3 4

GM

Western Staff Notation

जैसा कि हम सब जानते हैं कि Western Staff Notation को पढ़ कर, किसी भी धुन को तुरन्त बजाया जा सकता है। इस स्वरलिपि में गीत को जिस स्केल (scale or pitch) में लिखा जाता है, इसे केवल उसी स्केल में बजाया जा सकता है। अर्थात धुन को किसी अन्य स्वर से नहीं बजाया जा सकता। इसलिये इसमें धुन का मूल स्वर अर्थात सा (tonic note) किसी भी लाइन या स्पेस में आ सकता है।

Natural Diatonic Scale का tonic note C अर्थात मूल स्वर सा Western Staff Notation की नीचे की अतिरिक्त सीढ़ी पर लिखा जाता है। Natural Diatonic scale के tonic note C से देखें तो C, D, E, F, G, A, B और C स्वर नाम (Notes Terminal) है, यही C, D, E, F, G, A, B और C अपने आप में शुद्ध सरगम है। भारतीय संगीत की शुद्ध सरगम अर्थात थाट बिलावल सा, रे, ग, म, प, धा, नि और सां के ही समानान्तर हैं।

Staff Notation

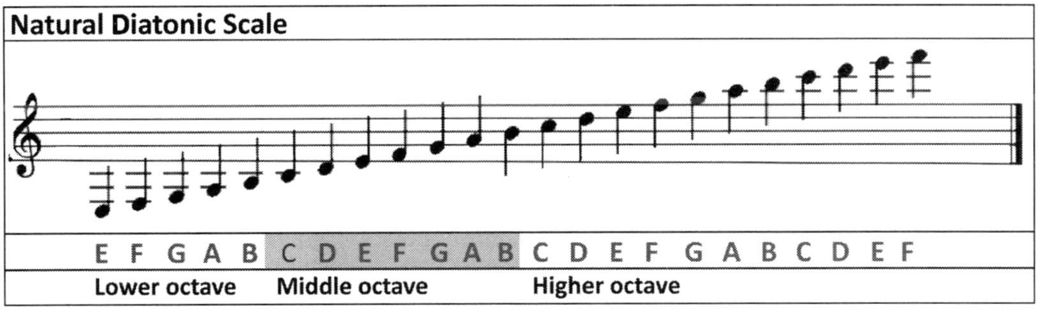

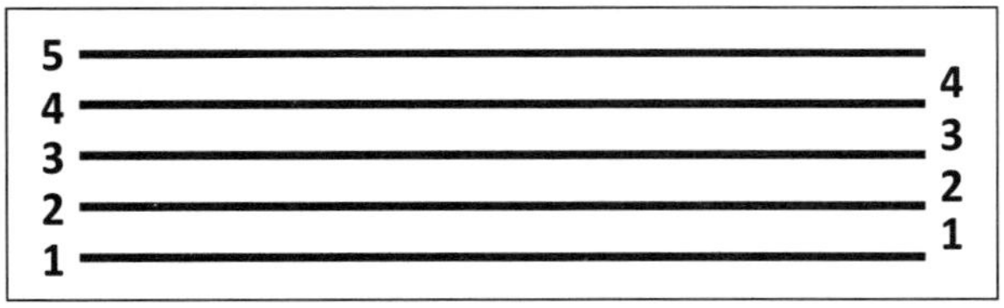

Staff : 5 समानान्तर रेखाओं और बीच के 4 स्पेस को स्टाफ (Staff का बहुवचन Staves) कहते हैं। रेखाओं और स्पेस को नीचे से ऊपर की तरफ गिनते हैं, रेखा न• 1, 2, 3, 4 और 5 और स्पेस न• 1, 2, 3 और 4 को गिनते हैं। याद रखने के लिये रेखाओं पर (on the line Every Good Boy Does Fine) और E, G, B, D, F notes आते हैं और स्पेस में (F A C E in the space) स्वर लिखा, पढ़ा और बजाया जाता है।

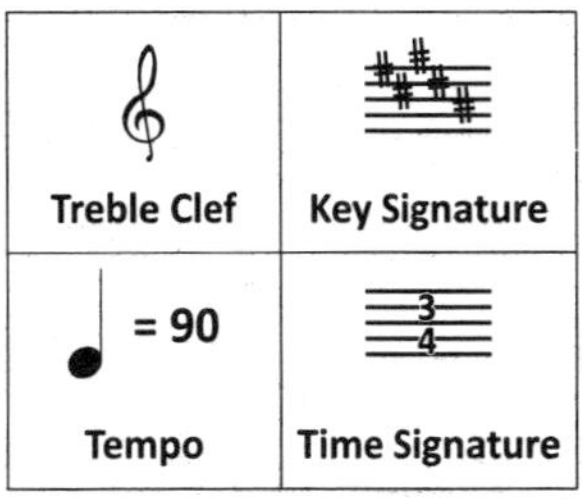

Treble अर्थात 3 सप्तक लिखने योग्य, Clef (क्लेफ) नोटेशन का संगीत सूचक चिन्ह है। इसके साथ ही धुन का Key signature

अर्थात (Scale or pitch), Time signature अर्थात ताल मात्रा प्रति आवृति और Tempo अर्थात लय 90 और 120 स्वर प्रति मिनट का उल्लेख होता है।

Time Signature or Meter अर्थात ताल मात्रा होती है।

Duple meter	2/2	2/4
Triple meter	3/2	3/4

Leger line अर्थात अतिरिक्त रेखा (सीढ़ी)। जो स्वर, स्टाफ (सामान्य रेखाओं) के ऊपर लिखें जाने वाले स्वरों (higher note) के लिये ऊपर 3 अतिरिक्त रेखाएं और नीचे लिखे जाने वाले स्वरों (lower note) के लिये नीचे 3 अतिरिक्त रेखाएं बनाकर स्वर लिखे, पढ़े और बजाये जाते हैं।

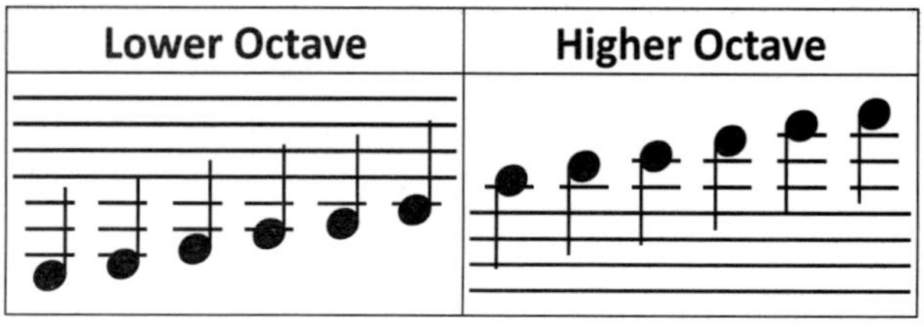

Notes स्वरचिन्हों में 3 भाग का समावेश होता है। 1. Head (मुकुट) 2. Pole or Stam (पोल या तना) 3. (पताका या झंडा)। **Notes** (स्वरचिन्ह) के रूप और आकार प्रकार में उस स्वर के गूंजने की समय मात्रा होती है।

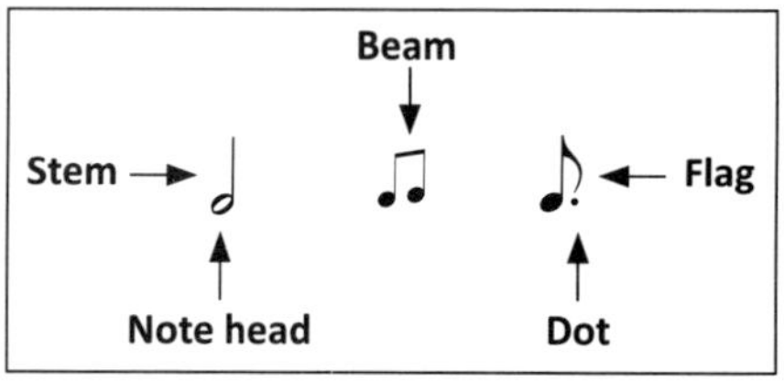

नीचें तालिका में स्वर चिन्हों का नाम, आकार और गूंज की मात्रा का विस्तार है। जो गिनती के अनुसार लिखा, पढ़ा और बजाया जा सकता है।

Whole note	Half note	Quarter note	Quaver 8th note	Semi Quaver	Demi Semi Quaver	Hemi Demi Semi Quaver

4 beat	2 beat	1 beat	½ beat of 1 count	¼ beat of 1 count	1/8 beat of 1 count	1/16 beat of 1 count

Head (हैड) English O in Italic Font की तरह होते हैं, एक जिसके बीच से आर पार दिखता है और दूसरा जिसके आर–पार नहीं दिखता है।

Whole note or Semi breve अर्थात पूर्णस्वर कहते हैं। जिसके बीच से आर–पार दिखता है इस स्वर चिन्ह में 4 beat अर्थात (4 मात्रा) 4 तक की गिनती तक गूंजने दिया जाता है।

Pole पोल या तना यह एक खड़ी रेखा है जो पूर्णस्वर को छोड़कर सभी स्वर चिन्हों पर सटकर लगती है।

Half note or Minim 2 beat अर्धस्वर या मीनिम के भी आर–पार दिखता है। मीनिम स्वर और इससे कम समय वाले स्वरों चिन्हों पर पोल लगती है। मीनिम की समय मात्रा 2 beat (दो मात्रा) अर्थात 2 तक की गिनती तक स्वर को गूंजने दिया जाता हैं। 𝅗𝅥

Crochet or Quarter क्रोसेट या क्वटार कहते हैं। इस स्वरचिन्ह के आर–पार नहीं दिखता और इस स्वरचिन्ह समय मात्रा 1 की गिनती तक स्वर को गूंजने दिया जाता है। इससे कम समय वाले स्वरों चिन्हों पर पोल पर पताका लगती है, जो स्वर की गूंज को आधा करती चली जाती है। ♩

Quaver or 8th note क्ववार या अवृत का 8वां अंश होता है। इस स्वर पर 1 पताका (झंडा) लगा होता है। इस स्वरचिन्ह का समय 1 गिनती का आधा समय होता है अर्थात इसे दुगनी रफ्तार से, 1 की गिनती में 2 स्वर बजाने पड़ते हैं। ये सारी गिनती अनुपात के अनुसार होती है। ♪

Semi Quaver or 16th note सेंमी क्ववार या आवृत का 16वां अंश होता है। इस स्वर पर 2 पताकाएं (झंडे) लगे होते हैं। एक अवृत में 16 सेंमी क्वावर स्वर लिखें जा सकते हैं। इस स्वरचिन्ह की समय मात्रा 1 गिनती का चौथा भाग होती है अर्थात इसे चौगनी रफ्तार से 1 की गिनती में 4 स्वर बजाने पड़ते हैं। इसी तरह Demi Semi Quaver आवृत का 32वां अंश होता है और Hemi Demi Semi Quaver आवृत का 64वां अंश होता है। 𝅘𝅥𝅯

Rest or Pause अर्थात चुप्पी, धुनों में स्वरों का गूंजना जितना जरूरी होता है, उतना ही संगीत में कुछ स्थानों पर धुन की आवश्यकता के अनुसार चुप रहना भी संगीत की ही जरूरत है। इसके लिये चुप चिन्हों के आकार में स्वर को चुप रहने की मात्रा भी गिनती के अनुसार होती है।

Whole rest	half rest	quarter rest	8th rest	16th rest	32nd rest	64th rest
4 beat	2 beat	1 beat	½ rest of 1 beat	¼ rest of 1 beat		
𝄻	𝄼	𝄽	𝄾	𝄿	𝅀	𝅁

Whole rest अर्थात संगीत की आवाज़ को (4 beat) 4 तक की गिनती गिनते हुये चुप रखें। 𝄻

Half rest अर्थात संगीत की आवाज़ को (2 beat) 2 तक की गिनती गिनते हुये चुप रखें। 

Quarter rest अर्थात संगीत की आवाज़ को (1 beat) 1 तक की गिनती गिनते हुये चुप रखें। 

8th rest or ½ rest of 1 beat अर्थात संगीत की आवाज़ को (1/2 beat) 1 beat की आधी गिनती तक चुप रखें। 

Beam बीम यदि क्वावर, सेंमी क्वावर, डेंमी सेंमी क्वावर या हेंमी डेंमी सेंमी क्वावर स्वर एक से अधिक स्वर लगातार आ जायें तो झंडों की जगह उन चिन्हों को 1 झन्डे की जगह 1 रेखा से, 2 झंडों की जगह 2 रेखाओं से, 3 झन्डों की जगह 3 रेखाओं से और 4 झन्डों की जगह 4 रेखाओं से जोड़ दिया जाता है। चिन्हों को जोड़ने वाली रेखाओं को बीम कहते हैं।

Tie यदि कोई स्वर आवृत में बचे हुये समय से अधिक मात्रा का होता है, तो वही स्वरचिन्ह लगा कर, बचे हुये समय के अनुसार अगले आवृत में बचे हुये समय का स्वरचिन्ह लगाकर एक चॉप से जोड़ दिया जाता है। उस चॉप को टाई कहते हैं।

Flats, Sharps और Natural चिन्ह अगर पूरी धुन में कोई कोमल स्वर या तीव्र स्वर लगता है तो Staff के शुरू में कोमल के लिये Flats (♭) और तीव्र के लिये Sharps (♯) चिंहित कर दिया जाता है। अगर धुन के मध्य में किसी भी कोमल स्वर या तीव्र स्वर को हटाकर वास्तविक स्वर लगाना हो तो उस स्वर चिन्ह के साथ प्राकृतिक चिन्ह Natural (♮) लगा दिया जाता है।

♭ ♯ ♮

Dot अर्थात बिन्दु जिस भी किसी स्वरचिन्ह या चुप्पी चिन्ह के साथ ये बिन्दु लगा होता हैं, उस चिन्ह की समय मात्रा उसकी वास्तविक समय मात्रा का 50 प्रतिशत बढ़ जाता है, यदि 2 बिन्दु हों तो बढ़े हुए समय का 50 प्रतिशत और बढ़ जाता है अर्थात स्वर चिन्ह की गूंज 75 प्रतिशत हो जाती है।

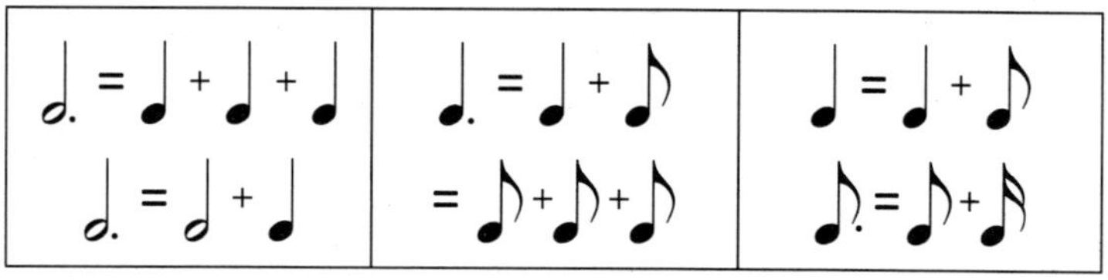

Bar line (आवृत लम्ब) स्टाफ को ताल के अनुसार 3 स्वर प्रति आवृत या 4 स्वर प्रति आवृत के समानान्तर अन्तराल पर विभाजित करने वाले लम्ब को Bar line कहते हैं।

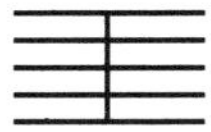

Double thin bar lines दोहरी पतला आवृत लम्ब अर्थात धुन के उस निश्चित भाग का अन्त (समापन) होता है।

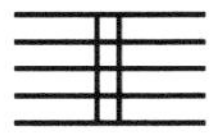

Double thin & thick bar lines दोहरी पतली और मोटी आवृत लम्ब अर्थात धुन या गीत का समापन (अन्त) होता है।

Begin repeat (thick & thin bar lines with 2 dots) दोहराने का प्रारम्भ चिन्ह के साथ 2 बिन्दु लगे होते हैं अर्थात इस चिन्ह के बाद के सारे स्वरों को दुबारा से बजाना पड़ता है।

End repeat (thin & thick bar lines with 2 dots) दोहराने का समापन चिन्ह के साथ 2 बिन्दु लगे होते हैं अर्थात इस चिन्ह पर आते ही शुरू से सारे स्वरों को दुबारा से बजाना पडता है।

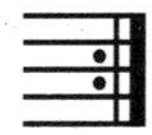

Repeat marks दोहराने का प्रारम्भ और समापन बार लाइन 2 बिन्दु के साथ हो तो, इनके बीच की धुन को एक बार फिर दोहराना पड़ता है।

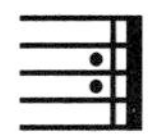

Time signature or meter टाईम हस्ताक्षर ताल मात्रा को दर्शाता है। स्टाफ के बिल्कुल शुरू में लिखा होता है अर्थात ताल की मात्रा के अनुसार ही स्वरों की समय सीमा निर्धारित होती है।

Duple meter	2/2	2/4
Triple meter	3/2	3/4
Quadruple	4/4	
Sextuple	6/4	6/8

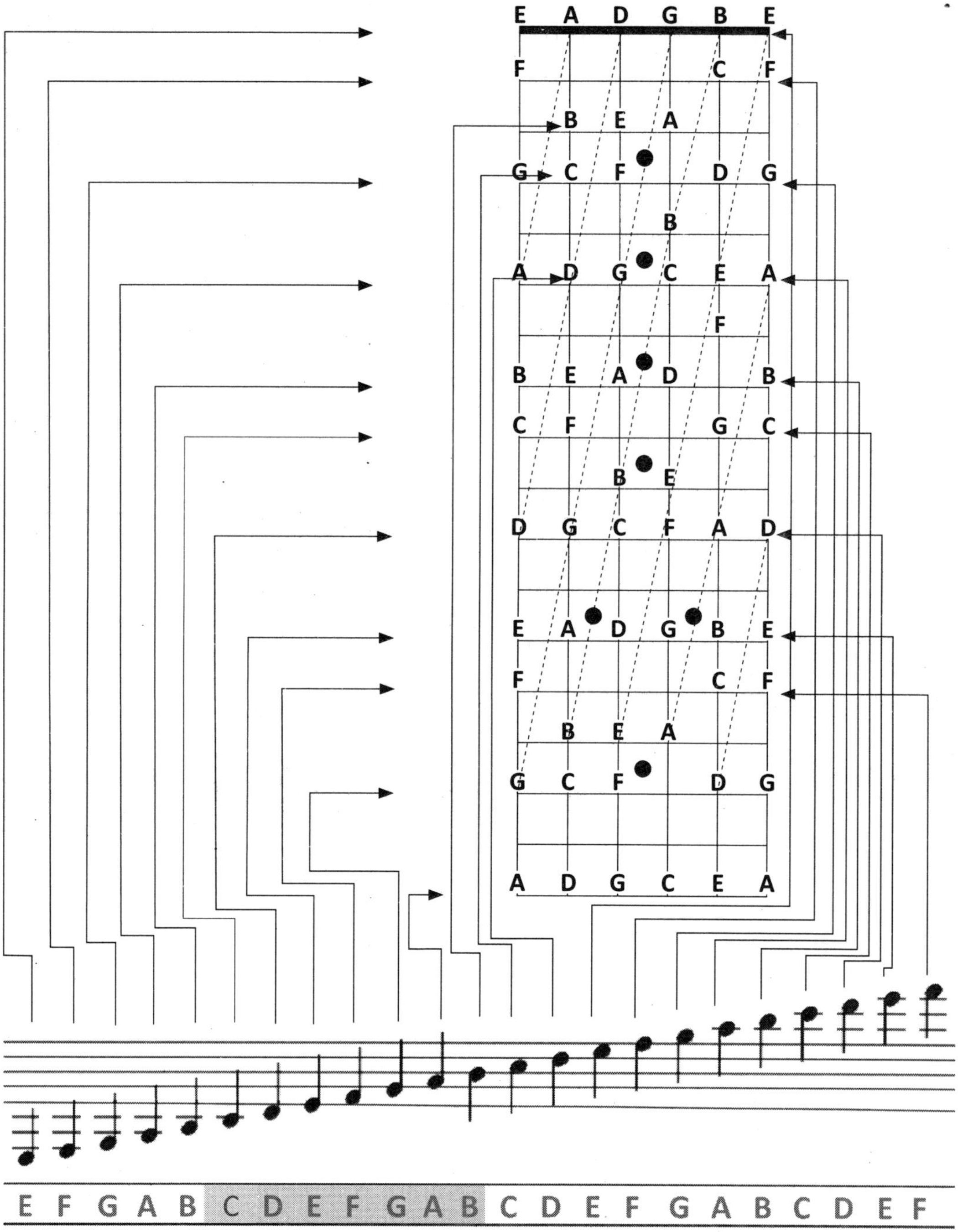

स्टाफ नोटेशन के नोटस को गिटार के फ्रेटस पर दर्शाते हुये। तार न॰ 6 के फ्रैट न॰ 5 से आगे के notes, तार न॰ 5 की खुली तार से, तार न॰ 5 के फ्रैट न॰ 5 से आगे के नोटस, तार न॰ 4 की खुली तार से, तार न॰ 4 के फ्रैट न॰ 5 से आगे के नोटस, तार न॰ 3 की खुली तार से, तार न॰ 3 के फ्रैट न॰ 4 से आगे के नोटस, तार न॰ 2 की खुली तार से, तार न॰ 2 के फ्रैट न॰ 5 से आगे के नोटस, तार न॰ 1 की खुली तार से भी दोहराते हैं। इसी तरह तार न॰ 1 पर आने वाले नोटस, तार न॰ 2 के फ्रैट न॰ 5 से आगे, तार न॰ 3 के फ्रैट न॰ 9 से आगे भी दोहराते हैं।

सरल पथ स्वरलिपि

भारतीय शास्त्रीय संगीत, रागिनियों और मधुर गीतों का documentation ना होने के कारण, भारतीय शास्त्रीय संगीत विलुप्त होता जा रहा है। Internet पर western staff notation की surfing करते हुये ये पता चला कि किसी ने स्टाफ नोटेशन को 6 लाइनों पर लिखने का भी प्रयास किया था और यही मेरी प्रेरणा का कारण बना। Natural Diatonic Scale का स्वर अन्तराल, भारतीय संगीत की शुद्ध सरगम थाट बिलावल के समानान्तर है। इसी आधार पर भारतीय संगीत के सरगम के अनुसार सरल पथ स्वरलिपि का सफल प्रयास किया है।

इसमें केवल नीचे की 4 रेखाओं को 1 सीढ़ी नीचे उतार कर, प्राकृतिक C note के समकक्ष किया है। जिस पर मध्य सप्तक की सरगम 4 रेखाओं और 3 स्पेस में बड़ी सरलता से लिखी पढ़ी और बजाई जा सकती है। रेखाओं को और स्पेस को नीचे से ऊपर की तरफ गिनते हैं, रेखा न• 1, 2, 3 और 4 इसी तरह स्पेस को भी नीचे से ऊपर की तरफ स्पेस न• 1, 2 और 3 गिनते हैं।

स्वर पथ (staff) की 4 लाइनों और 3 स्पेस में मध्य सप्तक के 7 स्वर बड़ी सहजता से लिखे, पढ़ं और बजाये जा सकते हैं। रेखा न• 1, 2, 3 और 4 पर सा, ग, प और नि स्वर और स्पेस न• 1, 2, और 3 में रे, म, धा स्वर लिखे जा सकते हैं। इस लिपि में Western staff notation के मूल सिद्धान्त चिन्ह और नियमों को, जैसे musical notes, signs, rules and symbols को मूल रूप में लिया गया है।

सरल पथ स्वरलिपि

स्वरलिपि का व्यवहारिक अभ्यास

Practical Exercise

नीचे लिखी स्वरलिपि में केवल (सा) स्वर को लिखा है और ये स्वर कहीं से भी बजाया जा सकता है। स्वरचिन्ह के रूप और आकार की बनावट में स्वर के गूंजने की मात्रा का समावेश होता है। 1 से 8 तक की गिनती को 3 या 4 सैकिंड में गिनने की कोशिश करें। Whole note 4 beat अर्थात 4 मात्रा, Minim 2 beat अर्थात 2 मात्रा, quarter 1 beat अर्थात 1 मात्रा, quavar ½ मात्रा अर्थात 1 की गिनती में 2 स्वर आते हैं। जरूरत केवल इस बात की है कि स्वर के गूंजने की मात्रा का अध्ययन करके अभ्यास करेंगे तो अनुभव होगा कि इन स्वर चिन्हों में ताल का भी समावेश है।

स्वरचिन्हों की मात्रा का गणित 4 स्वर प्रति आवृति (4 beat per bar) प्रति आवृति का अभ्यास

स्वरचिन्हों की मात्रा का गणित 3 स्वर प्रति आवृति (3 beat per bar) प्रति आवृति का अभ्यास

अगर पाँचवीं, चौथी और तीसरी तार पर, सरगम की पहचान हो चुकी हो तो नीचे लिखे अलंकारों को हर स्केल में बजाने का प्रयत्न करते हैं। हर स्वर को तार के दोनों तरफ से बजाना आना चाहिये। जब हम अलंकार को सम अंक (even no. 2, 4, 6 or 8) में ऊपर से या नीचे से बजाते हैं तो हर स्वर ऊपर से या नीचे से ही शुरू होगा, परन्तु जब विषम अंक (odd no. 1, 3 or 5) स्वर को बजाते हैं तो हर बार पत्ते बजाने की दिशा बदल जाती हैं, इसलिये तार को दोनों तरफ से बजाने का प्रयत्न करें।

अलंकार 1

QUARTERS

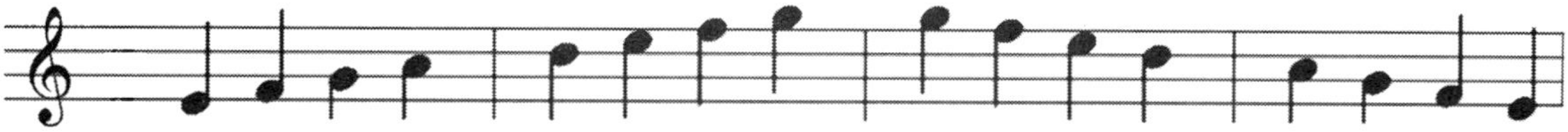

अलंकार 2

QUARTERS AND MINIM

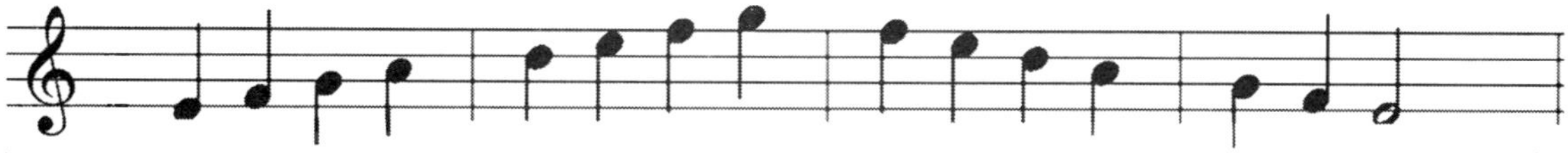

अलंकार 3

QUVAVAR AND QUARTERS

अलंकार 4

QUARTER AND MINIM

अलंकार 5

QUAVAR AND MINIM

अलंकार 6

QUAVER, QUARTER AND MINIM

अलंकार 7

QUAVER & QUARTER SRGRSRG

अलंकार 8

SEMI QUAVER AND QUARTER

अलंकार 9

SEMI QUAVER AND QUAVER

अलंकार 10

अलंकार 11

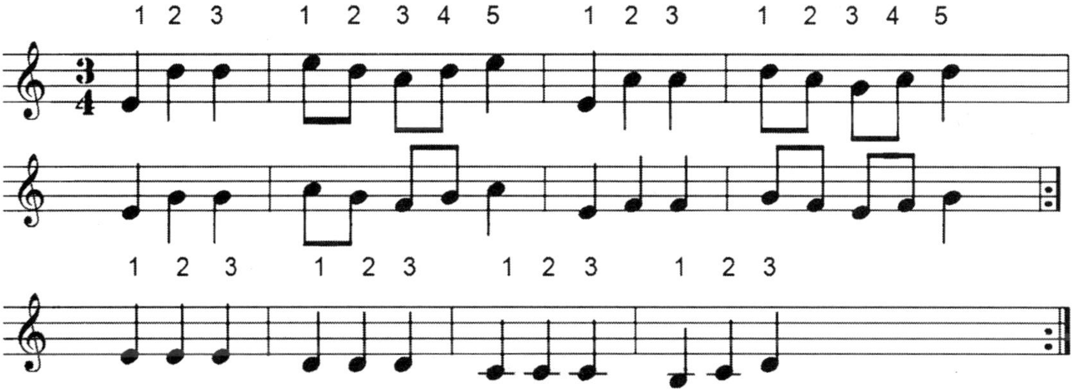

अलंकार 12

G MAJOR

YANKEE DOODLE*

G MAJOR

ODE TO JOYFUL ROCK*

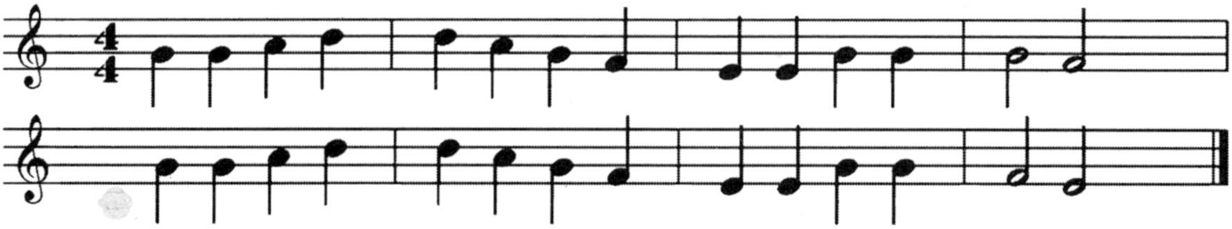

D MAJOR

ROCK TO MY LOU*

C MAJOR

ROCK!N THE BELLS*

*Fast Track

C MAJOR

AURA LEE*

A MINOR

CROMETIC BLUES*

A MINOR

SNACK CHARMER*

C MAJOR

BOOGIE BLUES*

**Fast Track*

G MAJOR HAPPY BIRTHDAY TO YOU

D MAJOR TWINKLE TWINKLE LITTLE STAR**

CASIO SONG BOOK

MAJOR JINGLE BELLS**

**Casio song book*

C MAJOR

AARTI

C MAJOR

NATIONAL ANTHEM

G MAJOR LAKDI KI KATI KATI KA GHODA

Western Staff Notation के लघु गाने की किताब से लेकर, एक मोबाइल की एक ऐपलिकेशन "**Maestro the next generation of music composer** के **C scale** में लिखकर भारतीय संगीत के अनुसार संगीत चिन्हों को बदल कर, सरल स्वरलिपि में अनुवाद किया है। जब तक इसका कोई **software** नहीं हैं तब तक **manually** ही कोशिश करनी पडेंगी। इस पहले प्रयास में कही ना कही, कोई ना कोई कमी जरूर रह गई होगी।

भारतीय संगीत को सरल स्टाफ लिपि में लिखने के लिये कुछ अतिरिक्त संगीत संकेत चिन्हों की आवश्यकता होगी जैसे थाट, वादी स्वर, संवादी स्वर, लय, अरोह और अवरोह, वर्जित स्वर, जाति, गीत का मूल स्वर अथार्त **Tonic note** भी शुरू में लिखा जा सकता हैं।

जाति 3 प्रकार की होती हैं। 1. संपूर्ण का अर्थ (7 स्वर), 2. षाडव का अर्थ (6 स्वर), 3. औडव का अर्थ (5 स्वर), संपूर्ण, संपूर्ण जाति के राग के लिये 7-7, संपूर्ण षाडव जाति के राग के लिये 7-6, संपूर्ण औडव जाति के राग के लिये 7-5, षाडव संपूर्ण जाति के राग के लिये 6-7, षाडव, षाडव जाति के राग के लिये 6-6, षाडव, औडव जाति

के राग के लिये 6-5, औडव संपूर्ण जाति के राग के लिये 5-7, औडव षाडव जाति के राग के लिये 5-6, औडव, औडव जाति के राग के लिये 5-5 अंकों से लिखा जा सकता हैं।

थाट राग के थाट को स्टाफ नोटेशन के **Key Signatures** के स्थान पर लिखा जा सकता हैं।

वर्जित स्वर आरोह और अवरोह में वर्जित स्वर के स्थान पर **(x)** लिखा जा सकता हैं।

वादी-संवादी वादी के लिये **(v)**, संवादी स्वर के लिये **(s)** स्टाफ के शुरू में लिखा जा सकता हैं।

जाति संपूर्ण-संपूर्ण (7), षाडव-षाडव (6), औडव-औडव (5), षाडव-संपूर्ण (6-7), षाडव-षाडव (6-6), षाडव-औडव (6-5), औडव-संपूर्ण (5-7), औडव-षाडव (5-6), औडव-औडव (5-5) को अंको में भी लिखा जा सकता हैं।

ताल 1/2, 2/4, 3/4, 4/4, 6/4, 6/8, 7/8 लिखा जा सकता हैं।

मूल स्वर गीत का मूल स्वर अथार्त **Tonic note** भी शुरू में लिखा जा सकता हैं।

समय . राग के समय अनुसार लिखा जा सकता हैं।

थाट

बिलावल	खमाज	यमन	काफी	असावरी	भैरवी	भैरव

राग बहार

थाट (1) काफी, वादी म, संवादी सा (2), ताल (3), लय (4), टोनिक नोट (5), जाति षाडव (6), आरोह (7), सा, ग, म, प, ग, म, नि, सां, वर्जित स्वर रे, अवरोह (8) सां, नि, प, म, प, ग, म, रे, सा, वर्जित स्वर धा (9) कोमल ग, दोनों नि, समय मध्य रात्रि हैं।

Trial Sheet

Trial Sheet